PSYCHOLOGIE DER EINWANDERER

HERZ, VERSTAND UND SEELE

Psychologie der Einwanderer ist auch erhältlich in

Spanisch als *Psicología del Inmigrante: Corazón, Mente y Alma*

Englisch als *Immigrant Psychology: Health, Mind, and Soul*

Arabisch als علم نفس المهاجر: القلب والعقل والروح

Weitere Bücher dieser Reihe

Immigrant Konzepte: Lebenswege zur Integration

Gesundheit von Einwanderen:
Verbesserung der Integration und des Globalen Wohlbefinden

PSYCHOLOGIE DER EINWANDERER

HERZ, VERSTAND UND SEELE

Joachim O. F. Reimann, Ph.D.

Dolores I. Rodríguez-Reimann, Ph.D.

Romo Books

Psychologie der Einwanderer: Herz, Verstand Und Seele
©2023, Joachim O. F. Reimann und Dolores I. Rodríguez-Reimann.

Alle Rechte vorbehalten.

Herausgegeben von Romo Books, Chula Vista, California USA

ISBN 978-1-955658-12-6 (Taschenbuch)
ISBN 978-1-955658-13-3 (eBook)
Kontrollnummer der Kongressbibliothek (USA): 2023909931

Publisher's Cataloging-in-Publication
(Provided by Cassidy Cataloguing Services, Inc.)

Names: Reimann, Joachim O. F., author. | Rodríguez-Reimann, Dolores Isabel, author. | Translation Agency Perfect (Firm), translator.

Title: Psychologie der Einwanderer : Herz, Verstand und Seele / Joachim O. F. Reimann, Ph.D. [and] Dolores I. Rodríguez-Reimann, Ph.D. ; [translated by Translation Agency Perfect].

Other titles: Immigrant psychology. German

Description: Chula Vista, California, USA : Romo Books, [2023] | Translation of: Immigrant psychology. | Includes bibliographical references and index.

Identifiers: ISBN: 978-1-955658-12-6 (paperback) | 978-1-955658-13-3 (ebook) | LCCN: 2023909931

Subjects: LCSH: Immigrants--Cultural assimilation--Psychological aspects. | Immigrants--Mental health. | Emigration and immigration--Psychological aspects. | Immigrants--Services for. | Resilience (Personality trait) | Mental illness. | Mental health services. | BISAC: SOCIAL SCIENCE / Emigration & Immigration. | PSYCHOLOGY / Social Psychology.

Classification: LCC: RC451.4.E45 R4515 2023 | DDC: 616.890086912--dc23

Bildnachweis für das Erde-Titelbild: Meteosat-3 & Meteosat-4 Observe the Earth (1993)/ESA, CC BY-SA 3.0 IGO
https://www.esa.int/ESA_Multimedia/Copyright_Notice_Images
Apassungsphase nach Umsiedlung Grafik angepasst von Hurt D. 2000 Refugee Adaptation in the Resettlement Process, The National Alliance for Multicultural Mental Health
Verlagsberater: David Wogahn, AuthorImprints.com
Deutsche Übersetzung von: Translation Agency Perfect mit zusätzlicher Bearbeitung von Joachim Reimann.

Für alle Klienten und Patienten, mit denen wir im Laufe der Jahre gearbeitet haben.

KAPITEL

Vorwort.. i

1 Einführung in die Psychische Gesundheit....................... 1

2 Umweltstressoren und Psychische Folgen..................... 5
Akkulturationsstress...5
Traumata: Vergewaltigung, Folter und andere Verletzungen..15
Nicht verarbeitete Trauer..20
Posttraumatische Belastungsstörung.....................................31

3 Allgemeine Psychische Diagnosen 47
Angstzustände...48
Depression und bipolare Störungen 52
Psychotische Störungen 55
Persönlichkeitsstörungen 59
Essstörungen 66
Drogenmissbrauch und -abhängigkeit (Sucht)......................69

4 Entscheidende Faktoren Der Psychischen
Gesundheit... 79
Wut 84
Chronische Schmerzen..89
Schlaflosigkeit...91

5 Aspekte Bei Der Behandlung 97
Behandlungshemmnisse / Kulturelle Erwartungen.................97
Die Rolle von Spiritualität und Resilienz.............................109
Überschneidung von rechtlichen und psychologischen
    Aspekten...114
Behandlungsmethoden 121
Psychotherapien — ein Überblick...129
Ergänzende Ansätze für diverse Formen der
    Psychotherapie 139

Behandlungsmethoden bei Drogenmissbrauch..........................146
Kulturelle und interkulturelle Psychologie 149
Telemedizin und Online-Foren.......................................150
Ergänzende Anmerkungen zu Behandlungsmethoden...........153
Kurze Ausführung zum Thema psychiatrischer
 Klinikaufenthalt.. 155
Einige Anmerkungen zu Kindern:...............................157

Epilog...159
Quellenangaben / Literaturhinweise 163
Glossar..185
Index 193
Danksagung...209
Über die Autoren 211

VORWORT

Migrationen hat es im Laufe der Menschheitsgeschichte immer wieder gegeben. Auch während wir dieses Buch schreiben, stehen immer neue Einwanderungs- und Flüchtlingswellen im Blickpunkt der Weltöffentlichkeit. Der Abzug der amerikanischen Streitkräfte aus Afghanistan beispielsweise hatte einen verstärkten Exodus auf der Flucht vor der Taliban-Herrschaft zur Folge. Am 15. September 2021 lebten nach einer Statistik des Hohen Flüchtlingskommissars der Vereinten Nationen (UNHCR) 2,2 Millionen afghanische Flüchtlinge in den Nachbarländern Afghanistans, darunter viele Frauen und Kinder. Das UNHCR berichtete zudem, dass fast 6 Millionen Afghanen aufgrund von Konflikten, Gewalt und Verfolgung aus ihren Häusern und ihrem Land geflohen seien[1], und die Anzahl steigt täglich weiter. Im November 2021 warnte die Menschenrechtsorganisation Human Rights Watch vor einer schweren Hungersnot[2], welche weitere Migrationsbewegungen zur Folge haben könnte.

Und dann fiel Russland am 24. Februar 2022 in die Ukraine ein. Die Vereinten Nationen verabschiedeten zwar eine Resolution, in der sie das militärische Vorgehen Russlands verurteilten, aber der Krieg ging dennoch weiter. Nach Schätzungen der Vereinten Nationen waren am 9. März 2022 bereits mehr als 2,2 Millionen Menschen aus allen Teilen des sozioökonomischen Spektrums der Ukraine aus ihrem Land geflohen[3] und diese Zahl ist seitdem immer weiter gestiegen. Die Vereinten Nationen warnen davor, dass sie die 10-Millionen-Marke überschreiten könnte. Während die meisten Flüchtlinge in Polen gelandet sind, haben andere ganz unterschiedliche Wege eingeschlagen. Einige sind sogar nach Mexiko bis zur Landesgrenze der Vereinigten Staaten (z.B. nach Tijuana) gereist, um von dort aus in die USA einzureisen.[4]

Solche Massenmigrationen sind bei weitem keine Seltenheit. Ende des Jahres 2021 kamen Tausende von Haitianern, die vor der unendlichen Armut in ihrem Land, vor Naturkatastrophen, Bandenkriminalität und politischen Unruhen flohen, an der Grenze der USA (Texas) zu Mexiko an. Nicht alle kamen direkt aus Haiti, einige von ihnen lebten bereits seit Jahren in südamerikanischen Ländern wie Chile. Doch aufgrund der durch die COVID-19-Pandemie verursachten Wirtschaftskrise, die zunehmende einwanderungsfeindliche Haltung und die immer restriktivere Regierungspolitik beschlossen diese Haitianer, ihre bisherigen südamerikanischen Gastländer zu verlassen.[5]

Es gibt auch immer wieder Fälle, in denen Migranten von politischen Ereignissen betroffen sind, an denen sie eigentlich nicht unmittelbar beteiligt sind. So strömte Ende des Jahres 2021 eine große Anzahl von Migranten (schätzungsweise 3.000 bis 4.000), vor allem aus dem Nordirak und Afghanistan, an der Grenze zwischen Weißrussland und Polen zusammen. Sie hofften, von Weißrussland aus in die Europäische Union (EU) zu gelangen, aber Polen schloss seine Grenze für diese Migranten. Laut Al Jazeera[6] kam es zu der Krise, weil weißrussische Regierungsvertreter über die EU-Sanktionen verärgert waren und als Vergeltungsmaßnahme eine Migrationsbewegung zur polnischen Grenze auslösten, die dort für Chaos sorgen sollte.

Es ist nicht weiter verwunderlich, dass die oben beschriebenen Entwicklungen sowohl für die Migranten als auch für die Länder, in denen sie Schutz suchen, eine Herausforderung darstellen. Im Laufe der Menschheitsgeschichte haben Migranten lange und gefährliche Reisen auf sich genommen, die einen physischen und emotionalen Tribut fordern. Sie brauchen Sicherheit, Schutz, ein neues Zuhause und die Möglichkeit, sich entfalten zu können. Zugleich kann die Aufnahme einer großen Zahl von Neuankömmlingen, selbst wenn dies rechtlich und moralisch gerechtfertigt ist, die lokalen Ressourcen über das tragfähige Maß hinaus belasten. Dies kann zu Ressentiments bei der Bevölkerung führen, die bereits in diesen Ländern lebt, in die die Migranten einzuwandern versuchen. Ein Migrantenzustrom kann jedoch auch von Vorteil sein für ein Land. In einem Artikel im Time Magazine vom März 2022 vertrat Semuels[7] die Ansicht, dass Einwanderung nicht nur toleriert werden sollte, sondern dass sie für den Wohlstand eines Landes unerlässlich ist. Unter Bezugnahme auf Statistiken der USA kam er zu dem Schluss, dass lokaler Arbeitskräftemangel und eine alternde Bevölkerung zu einer Verknappung von Waren und Dienstleistungen sowie zu einer höheren Inflation beitragen. Einwanderer können zur Verringerung dieser Probleme beitragen. Die Zuwanderung aus allen Herkunftsländern in die USA sank jedoch von 1,6 Millionen im Jahr 2017 auf 559.000 im Jahr 2021. Semuels zitierte in seinem Artikel den Arbeitsökonomen Ron Hetrick: „Wenn sich die Einwanderungszahlen nicht verbessern, weiß ich nicht, ob wir das Wachstum zurückgewinnen." Zusammenfassend lässt sich sagen, dass sich die konkreten Einwanderergruppen im Laufe der Zeit ändern, die Migrationstendenz an sich jedoch nie abreißt. Es ist daher von entscheidender Bedeutung, wirksamere Ansätze zum Umgang mit dieser Realität zu finden.

In einem Artikel aus dem Jahr 2020 erörterten Seth Schwartz und einige Kolleginnen und Kollegen[8] die positiven Beiträge, die Psychologen im Umgang mit der internationalen Migrationsproblematik geleistet haben und leisten können. Dazu gehört die Verknüpfung von Forschungsergebnissen aus den Bereichen der psychischen Gesundheit, anderen Sozialwissenschaften und der Medizin, um praktische Lösungen zu finden. Unsere Arbeit spiegelt diese Geisteshaltung wider. Als Teil dieser Bemühungen sind wir der Meinung, dass professionelle Gesundheitsinformationen und akademisches Wissen für diejenigen, die Dienstleistungen für Migranten erbringen, für politische Entscheidungsträger und für die Migranten selbst verfügbar und verständlich sein müssen.

Das vorliegende Buch ist ein eigenständiges Werk, aber es ist auch der zweite Band in einer Serie. Unser erstes Buch „Immigrant: Concepts and Life Paths to Integration" (Immigrant: Konzepte und Lebenswege zur Integration) gibt einen Überblick über die Lebensumstände von Migranten. Wenn man diese Umstände versteht und effektiv damit umgeht, ist eine erfolgreiche Anpassung an neue Länder durchaus möglich.

Das psychische Wohlergehen ist eine der Grundlagen, auf denen der Erfolg von Migranten in ihrem neuen Heimatland begründet ist. In diesem Buch erfahren Sie mehr über Themen, die essenziell sind beim Erzielen dieses Wohlergehens. Wir stützen uns auf unseren beruflichen Hintergrund in der psychologischen Theorie, der klinischen Praxis, der öffentlichen Gesundheit und anderen Forschungsbereichen, aber auch unsere persönlichen und familiären Migrationsgeschichten sind mit eingeflossen. Auf diese Weise können wir Ihnen 1) die neuesten Informationen über psychische Gesundheit vermitteln und 2) erklären, wie diese mit den allgemeinen Erfahrungen von Migranten zusammenhängen. Beispiele aus unserer Praxis helfen, diese Zusammenhänge herzuleiten. Kurz gesagt, dieses Buch wurde von Einwanderern für Einwanderer sowie für alle diejenigen verfasst, die mit Migranten arbeiten.

Viele gute Bücher befassen sich mit den einzelnen psychischen Syndromen und Behandlungsmethoden, die wir beschreiben. Wir hoffen jedoch, dass eine auf die konkreten Erfahrungen von Migranten zugeschnittene Sichtweise Ihnen und Ihrer Familie (oder Ihren Patienten) helfen wird, Wege zur Heilung und zum Wohlergehen zu finden.

Auf den ersten Seiten erläutern wir Ihnen als Leser unsere Zielsetzung Vielleicht erkennen Sie sich oder jemanden, den Sie kennen, in den Beschreibungen wieder. Wenn ja, dann ist dieses Buch genau das Richtige für Sie.

Wir erläutern psychische Belastungen, damit Sie gegebenenfalls nachvollziehen können, was Sie selbst gerade erleben oder jemand, den Sie kennen, durchmacht. In einigen Fällen beziehen wir klinische Beispiele aus unserer Praxis mit ein (unter Wahrung der ärztlichen Schweigepflicht hinsichtlich unseren Patienten). Wir erörtern auch bewährte Behandlungs- und Genesungsmöglichkeiten. Darüber hinaus bieten wir Informationen darüber, wie Sie sich selbst oder Familienmitgliedern oder anderen, die Schwierigkeiten haben, helfen können.[9]

Studien zeigen, dass Betroffene, die sich auf eine der Therapieformen einlassen und über effektive soziale Unterstützung verfügen, im Laufe der Zeit mehr innere Stärke entwickeln. Statt nur ihre Symptome zu behandeln, verbessern sie schlussendlich ihre Lebensqualität, sowie die ihrer

Angehörigen, Familien, Gemeinschaften und letztlich der
Gesellschaft als Ganzes.

Wenn Sie an einer psychischen Störung leiden oder dies
vermuten, so möchten wir Ihnen versichern, dass es Wege zur
Behandlung gibt, Sie sind deshalb nicht „verrückt". Vielleicht
leiden Sie unter Depressionen, Angstzuständen oder anderen
behandelbaren Beschwerden. Das ist kein persönlicher Makel.
Mit der richtigen Hilfe können Sie die Beschwerden, mit
denen Sie zu kämpfen haben, besser bewältigen. Wenn Sie
ein Familienmitglied, einen Freund bzw. eine Freundin oder
einen Mitarbeiter bzw. eine Mitarbeiterin haben, der bzw. die
an einer psychischen Störung leidet, möchten Sie vielleicht
herausfinden, wie Sie helfen können und wie die verschiedenen Behandlungsmöglichkeiten aussehen. Als Elternteil oder
Erziehungsberechtigte(r) einer/eines Minderjährigen können
Sie hier Anregungen erhalten, wie Sie Ihrem Kind und sich
selbst helfen können. Wenn Sie beruflich mit Betroffenen
aus Migrantengemeinschaften arbeiten, die mit besonderen
Bedürfnissen und psychischen Erkrankungen zu kämpfen haben,
kann dieses Buch als Schnellreferenz dienen: Ein Leitfaden, der
Ihnen beim Verständnis der Problematik hilft und Ihnen zeigt,
wie Sie in der jeweiligen konkreten Situation helfen können.[9]

Ein letzter Gedanke, bevor es losgeht: Psychische
Erkrankungen und Störungen werden in unterschiedlichen
Teilen der Welt unterschiedlich bewertet, oftmals werden sie
als persönliches Versagen und als Charakterschwäche angesehen. Menschen mit psychischen Erkrankungen befürchten
möglicherweise, dass ihre Erkrankung ein schlechtes Licht auf
ihre Familie und auf sie selbst wirft. Es ist nicht verwunderlich, wenn diese Betroffenen Angst haben, Hilfe in Anspruch
zu nehmen.

Diese Vorstellungen ist jedoch falsch. Ein psychisches ist genau wie jedes physische Leiden als eine Erkrankung zu verstehen. Es bedeutet niemals, dass Ihr Charakter (oder der Ihrer Familie) schwach und fehlerhaft ist. Gesundheitsdienstleister wissen, dass falsche Vorstellungen über Betroffene mit psychischen Beschwerden weit verbreitet sind. Daher sind sie auch verpflichtet, die von Patienten oder Klienten erhaltenen Informationen vertraulich zu behandeln. Allerdings gibt es auch einige Ausnahmen, die je nach Land oder (in den USA) je nach Bundesstaat variieren können. Betroffene, die sich in professionelle Behandlung begeben, sollten sich nach der jeweils geltenden ärztlichen Schweigepflicht erkundigen, damit sie diesbezüglich umfassend informiert sind.

In diesem Buch wird zwar auf psychische Beschwerden eingegangen, wir müssen aber darauf hinweisen, dass bei vielen Menschen mit Migrationshintergrund keine solche Problematik vorliegt. Wir geben daher Auskunft darüber, wie häufig eine bestimmte Problematik auftritt und sind keinesfalls daran interessiert, einer ganzen Bevölkerungsgruppe bestimmte Beschwerden zuzuschreiben. Vielmehr erörtern wir verschiedene persönliche und familiäre Stärken einiger Migranten, aufgrund derer sie teilweise sogar belastbarer sind und eine stärkere psychische Gesundheit aufweisen als die einheimische Bevölkerung eines Landes.

HAFTUNGSAUSSCHLUSS

Die in diesem Buch wiedergegebenen Inhalte sind ausschließlich für Lehr- und Referenzzwecke gedacht. Es sollte nicht als Ersatz für eine professionelle Beratung durch einen Arzt, Psychiater,

Psychologen oder eine andere zugelassene medizinische oder psychotherapeutische Fachkraft angesehen werden. Sie sollten diese
Informationen nicht zur Selbstdiagnose oder zur Behandlung
von psychischen oder gesundheitlichen Beschwerden verwenden. Wenden Sie sich bitte an einen Gesundheitsdienstleister
für die psychische Gesundheit, wenn Sie vermuten, dass Sie ein
emotionales, mentales oder medizinisches Problem haben.

Die in diesem Buch enthaltenen Informationen und Aussagen
zu möglichen Diagnosen und Behandlungen entsprechen den-
jenigen in International Classification of Diseases, 10. Auflage
(ICD-10),[10] in Diagnostic and Statistical Manual of Mental
Disorders, 5. Auflage (DSM-5),[11] und den von der American
Psychological Association (APA)[12] beschriebenen bewährten
Behandlungsmethoden. Die Informationen in diesem Buch sind
jedoch nicht zur Diagnose, Behandlung, Heilung oder
Vorbeugung von Krankheiten oder psychischen/gesundheitli-
chen Beschwerden gedacht. Wir übernehmen keine Haftung für
Ungenauigkeiten oder fehlerhafte Angaben zu Behandlungen.

1

EINFÜHRUNG IN DIE
PSYCHISCHE GESUNDHEIT

Wir haben dieses Buch so gegliedert, dass zunächst allgemeine psychische Beschwerden, dann konkrete Beschwerden im Zusammenhang mit psychischen Störungen sowie die jeweilige kulturelle Sichtweise bezüglich dieser Störungen beschrieben werden. Außerdem ist zu beachten, dass Betroffene an mehr als einer Art psychischer Störung gleichzeitig leiden können. Letzteres ist besonders wichtig, weil behandelnde Fachkräfte oftmals die verschiedenen Beschwerden unserer Patienten erst einordnen können müssen, um festlegen zu können, was zuerst behandet werden soll. Alle Beschwerden auf einmal angehen zu wollen, überfordert die Betroffenen nur unnötig und hilft ihnen nicht dabei, sich besser zu fühlen.

Wer beispielsweise mit Gewichtsproblemen oder chronischen Schmerzen zu kämpfen hat, kann sich nur schwer auf eine Denkweise und Maßnahmen einlassen, die für eine Veränderung erforderlich sind, wenn die zugrunde liegenden Beschwerden wie Depressionen, Angstzustände, Kriegstraumata, sexuelle Übergriffe oder häusliche Gewalt nicht zuerst angegangen werden.

Aus diesem Grund beschreiben wir zunächst, wie einige Migranten bei ihren Bemühungen zur Integration in ihr neues Umfeld mit Stress zu kämpfen haben. Dies wird oft als Akkulturationsstress bezeichnet.

Ferner ist es wichtig zu betonen, dass Migranten manchmal unter psychischen Beschwerden und Schmerzen in Form von Depressionen, Angstzuständen und psychotischen Störungen leiden, die bereits vor ihrer Migration entstanden sind. Dies kann das Ergebnis von Gewalt und Verfolgung in ihren Herkunftsländern sein, die möglicherweise ausschlaggebend für ihre Entscheidung zur Migration waren.

Darüber hinaus kann es bei einer gefährlichen Reise zu traumatischen Ereignissen wie z.b. körperlichen Übergriffen, Vergewaltigungen und anderen Formen der Viktimisierung sowie Körperverletzungen kommen. Betroffene können auch den Tod eines geliebten Menschen und andere Verluste während ihrer Bemühungen um die Einwanderung erleben.

In Anbetracht dieser Umstände widmen wir uns in diesem Buch ausführlich dem Thema Trauer, einschließlich Trauer infolge von mehreren erlebten Traumata. Da Traumata für viele Migranten eine solch einschneidende Erfahrung darstellen, behandeln wir anschließend das Thema Posttraumatische Belastungsstörung (PTBS). Dabei gehen wir auch darauf ein, welche Symptome in der Regel auftreten und mit dieser Diagnose verbunden sind und wie diese in verschiedenen Kulturen jeweils aufgefasst werden. Anhand einiger statistischer Daten veranschaulichen wir, wie weit verbreitet PTBS ist, und geben Beispiele dafür, wie dies im Leben von Migranten zum Ausdruck kommen kann.

Nach demselben Schema beschreiben wir Angstzustände und die verschiedenen Arten von Depressionen, einschließlich einer Depression infolge von Lebenserfahrungen. Anschließend befassen wir uns mit bipolaren Störungen.

Danach beschreiben wir kurz die häufigsten Symptome psychotischer Störungen und gehen auf relevante Diagnosen und Statistiken ein. Wir führen auch Beispiele aus unserer klinischen Praxis an. Des Weiteren erörtern wir Persönlichkeitsstörungen vor dem Hintergrund von kulturellen Erwartungen. Auch hier geht es um Beschwerden, die häufig mit solchen Störungen einhergehen, und um Beispiele zur Veranschaulichung der möglichen Auswirkungen auf das Leben der Betroffenen.

Es folgt die Erörterung von Drogenmissbrauch und Essstörungen im Kontext der jeweiligen kulturellen Identität und des Selbstwertgefühls sowie vor dem Hintergrund eines unterschiedlichen Verständnisses von Schönheit. In diesen Themenbereichen beschreiben wir die besonderen psychischen Bedürfnisse von Kindern und Jugendlichen und wie man am besten auf sie eingeht.

Sobald wir die verschiedenen Arten von psychischen Beschwerden beschrieben haben, widmen wir uns den Themen, die oft einen wichtigen Teil der klinischen Behandlung ausmachen. Auch diese Themen werden anhand von Beispielen aus Migrantengemeinschaften vorgestellt. Wir gehen insbesondere auf die Funktion von Wut, Selbstwertgefühl, chronischen Schmerzen und Schlaflosigkeit ein. Da einige Migrantengruppen eher körperliche Arbeit verrichten, bei der es häufiger zu Unfällen kommt, gehen wir kurz auf die besonderen Umstände eines Arbeitsunfalls (sowie auf Verletzungen im Allgemeinen) bei Migranten ein. Ein weiteres wichtiges Thema ist die Prävention von Suiziden.

Im Anschluss gehen wir die zahlreichen professionellen Behandlungen und kommunalen Angebote ein, anhand derer Betroffenen mit den oben beschriebenen psychischen Beschwerden geholfen werden kann. Hier wird auch dargelegt, wie Spiritualität, Glauben, Religion und positive Psychologie von Nutzen sein kann. Leider stoßen einige Migrantengemeinschaften auf Hindernisse beim Zugang zu Behandlungsmöglichkeiten, was im Folgenden besprochen wird.

Schließlich befassen wir uns mit spezifischen Beschwerden, mit denen sich Migranten konfrontiert sehen, und deren Auswirkungen auf das Erlernen einer neuen Sprache, den Erwerb der Staatsbürgerschaft in anderssprachigen Ländern sowie auf andere Tests zum Erwerb dieses Status.

Ein Glossar mit gängigen Begriffen ist am Ende des Buches zu finden.

2

UMWELTSTRESSOREN UND PSYCHISCHE FOLGEN

AKKULTURATIONSSTRESS

Menschen wandern aus vielen Gründen aus, manche, um in hochspezialisierten Branchen beruflich voranzukommen, andere, um der Armut zu entkommen und ihren Kindern eine bessere Zukunft zu sichern. Einige wandern aus, um Krieg, Verfolgung, Klimawandel oder Gewalt zu entfliehen.

Trotz unterschiedlicher Beweggründe haben alle Migranten eines gemeinsam: Der Umzug in ein neues Land ist in der Regel mit Stress verbunden. Selbst bei optimalen Bedingungen ist das Erlernen neuer Bräuche und einer neuen Sprache für die meisten eine Herausforderung. Es kommt mindestens zu einer Störung der persönlichen Routine, des Schlafrhythmus und etablierter Gewohnheiten.

Vor allem bei denjenigen, die vor Krieg und Verfolgung fliehen, können mehrere Stressoren auftreten. Diese lassen sich in drei allgemeine Kategorien einteilen. Zunächst einmal haben die Betroffenen möglicherweise traumatische Ereignisse wie Krieg, Folter, körperliche Übergriffe einschließlich Vergewaltigung, und den Verlust von Angehörigen in ihrem Herkunftsland erlebt.

Zweitens wäre da der Stress der Reise an sich. Für Flüchtlinge und auch Menschen, die vor Armut fliehen, bedeutet Migration oft, mehrere Länder zu durchqueren und manchmal Monate oder sogar Jahre in Flüchtlingslagern auszuharren. Die Flucht kann sie an Orte führen, an denen sie nicht willkommen sind und wo sie auf unterschiedlichste Art und Weise missbraucht werden. Zu den üblichen Missbrauchsformen gehören Zwangsarbeit, sexuelle Ausbeutung, Erpressung und Raub.[13] Die folgenden drei Beispiele illustrieren solche Reisen.

Die üblichen Reiserouten von Flüchtlingen aus dem Nahen Osten führen von Syrien nach Libyen und dann weiter nach Europa. Ostafrikanische Flüchtlinge aus Somalia fliehen oft nach Kenia oder Äthiopien, bevor sie zu ihrem endgültiges Ziel weiterreisen. Viele Menschen aus Mittelamerika reisen über Mexiko in die USA ein. Bei solchen Reisen ist vor allem die Ausbeutung von Kindern, einschließlich unbegleiteter Minderjährigen, besorgniserregend, da sie eine besonders schutzbedürftige Bevölkerungsgruppe darstellen.[14]

Zweitens kann eine Reise auch unter günstigen Umständen mehrere Zwischenstopps umfassen, die jeweils eine gewisse Anpassung an die neuen Umstände erfordern. Wie sich kürzlich an der Grenze zwischen den USA und Mexiko gezeigt hat, ist zudem die Aufnahme im angestrebten endgültigen Zielland keineswegs garantiert.

Drittens ist es notwendig, sich an das besondere Umfeld des neuen Landes anzupassen. Dadurch müssen Migranten z.B. routinemäßige Fähigkeiten wie das Verstehen neuer Straßenschilder und das Fahren auf einer anderen Straßenseite erlernen. Aber auch komplexere Herausforderungen wie das Erlernen einer neuen Sprache und die Anpassung an unterschiedliche Bildungssysteme, anderer Arbeitsanforderungen, Gesetze und Bräuche sind keine Seltenheit.

Angesichts dieser Bedingungen ist es kein Wunder, dass Akkulturationsstress (manchmal auch Migrationsstress und

Relocation Stress Syndrom genannt) in der wissenschaftlichen und klinischen Literatur als ein ernstzunehmendes Problem anerkannt wird, das Lösungen erfordert.

Diese Problematiken sind folglich in offiziellen Diagnosebüchern aufgeführt, anhand derer psychische Beschwerden identifiziert werden. Sowohl das Diagnostics and Statistical Manual of Mental Disorders, 5. Ausgabe (DSM-5)[11] der American Psychiatric Association als auch die International Classification of Diseases, 10. Ausgabe (ICD-10)[10] führen „acculturation difficulty" (Akkulturationsschwierigkeiten) als Begriff auf. In ICD-10 wird diese Problematik als „a problem with migration" (Migrationsproblem) und „problem with social transplantation" (Problem der sozialen Verpflanzung) beschrieben.

Welche psychischen Beschwerden können auf Akkulturationsstress zurückzuführen sein? Angstzustände, Sorgen, Depressionen, Einsamkeit und in einigen schwerwiegenden Fällen auch Drogenmissbrauch sind allesamt belastende psychische Symptome, die mit dem Prozess der Anpassung an ein fremdes Land einhergehen. All diese Stressoren beeinträchtigen die Fähigkeit einer Person, mit anderen in Kontakt zu treten, was die Situation des Migranten noch zusätzlich verschlimmert. Es ist jedoch erwähnenswert, dass nicht alle Fälle schwerwiegend sind. Manche leiden nur unter leichten Spannungen, die sich mit der Zeit auflösen.

Akkulturationsstress kann sich auch in Form von körperlichen Symptomen äußern. Dies liegt zum Teil daran, dass Angstzustände häufig mit physiologischen Reaktionen wie Kurzatmigkeit und Schmerzen in der Brust einhergehen. (Weiter hinten im Buch werden die psychischen Symptome bei Angstzuständen im Detail erörtert.) Sowohl Angstzustände als

auch Depressionen können eine ungesund erhöhte oder verringerte Aktivität des Herzens und der Blutgefäße verursachen.[15]
Änderungen hinsichtlich des Appetits und die Einnahme von
verschriebenen (und anderen) Medikamenten können ebenfalls
zu körperlichen Beschwerden führen.

Darüber hinaus können emotionale Symptome in
Kombination mit körperlichen Reaktionen dazu beitragen, dass
die Betroffenen aufgrund ihrer geschwächten Abwehrkräfte
anfälliger für bestimmte Krankheiten sind. Die Beschwerden
können sich immer weiter verschärfen, weil die in Bedrängnis
geratenen Betroffenen sich nicht mehr selbst versorgen können.
Dieser Prozess führt zu einem Teufelskreis, bei dem körperliche und emotionale Beschwerden ineinandergreifen, sich
gegenseitig verstärken und dadurch beide verschlimmern. Kurz
gesagt: Akkulturationsstress wirkt sich auf eine Reihe kom-
plexer körperlicher und psychischer Leiden aus.[16]

Auch der fehlende Zugang zu gesundheitlichen
Leistungen verschlimmert psychische und physische
Gesundheitsbeschwerden. Schon ein Umzug in einen neuen
Bundesstaat oder eine neue Stadt innerhalb desselben Landes
kann einen Wechsel des Gesundheitsdienstleisters und man-
chmal auch des Versicherungsschutzes bedeuten. Bei einem
Umzug in ein neues Land können Sprachbarrieren und die
Unkenntnis der Gesundheitspolitik und -systeme hinzukom-
men, was den Akkulturationsstress nur weiter verstärkt.

Wie verbreitet ist Akkulturationsstress? Dies variiert stark
zwischen den einzelnen Bevölkerungsgruppen und jeweiligen Migrationsumständen. Genaue statistische Angaben
liegen nicht vor. Bemerkenswert ist jedoch, dass einer
Schätzung zufolge[17] die Prävalenz schwerer Posttraumatischer
Belastungsstörungen (PTBS) unter Migranten besonders hoch

ist (47 %), was wiederum insbesondere auf Flüchtlinge zutrifft. PTBS wird hier erwähnt, weil sie zwar nicht automatisch mit Akkulturationsstress gleichzusetzen ist, es aber häufig zu Überschneidungen zwischen beiden Beschwerden kommt.

Wer ist am meisten gefährdet? Es ist vielleicht nicht weiter verwunderlich, dass das Ausmaß des Akkulturationsstresses davon abhängig ist, inwieweit das neue Land dem Herkunftsland des Migranten ähnelt oder sich von ihm unterscheidet. Dies gilt auch für das politische System und die Einstellung der Gesellschaft in der neuen Kultur. Kurz gesagt, wenn sich die neue Kultur stark von der Herkunftskultur eines Neuankömmlings unterscheidet, ist die Wahrscheinlichkeit größer, dass dieser Akkulturationsstress erfährt.[18]

Migranten, die aufgrund ihrer beruflichen Kenntnisse sehr gefragt sind und/oder deren körperliche Merkmale, Sprache, Traditionen und Religionen der lokalen Mehrheitsbevölkerung ähneln, haben es in der Regel leichter, sich zu akkulturieren. Andererseits haben Migranten, die „anders" aussehen und/oder sich in einer schlechteren wirtschaftlichen Lage befinden, tendenziell größere Anpassungsschwierigkeiten. Bei Letzteren ist es wahrscheinlicher, dass die Neuankömmlinge mit negativen Stereotypen und negativen Haltungen seitens der Einheimischen konfrontiert werden.[19]

Einige Migranten verfügen über professionelle Kenntnisse und Erfahrungen, die in ihrem neuen Land nicht aner- kannt werden (z.B. im Ausland ausgebildete Anwälte und Gesundheitsdienstleister) und haben daher ausbildungstech- nische und berufliche Hindernisse zu überwinden. Dazu gehört auch, dass sie sich mit den örtlichen Vorschriften und Praktiken vertraut machen müssen. In einigen Fällen bedeutet dies, dass sie in dem neuen Land erneut eine Zulassung zur Berufsausübung erwerben müssen. Je nachdem, aus welchem Land jemand eingewandert ist, kann die Anerkennung einer ausländischen Berufsausbildung in einem neuen Land (und die anschließende Erteilung der Zulassung in diesem Land) recht kompliziert sein.

Ein weiterer Faktor, der zum Akkulturationsstress beiträgt, ist die Frage, ob die Migration einer Person freiwillig erfolgte oder nicht. Einer Quelle zufolge erleben unfreiwillige Migranten rund 50 % mehr Akkulturationsstress als diejenigen, die ihr Herkunftsland unter positiveren Umständen verlassen haben.

Auch neigen Migranten ohne offizielle Papiere zu erheblich stärkerem Akkulturationsstress. Das Fehlen rechtsgültiger Unterlagen schränkt ihre Arbeitsmöglichkeiten ein, macht sie anfälliger für Ausbeutung (z.B. Arbeit unter gefährlichen Bedingungen, zu niedrigen Löhnen oder als Opfer von Menschenhandel zum Zwecke der Prostitution) und lässt sie oft in Angst vor Razzien gegen illegale Einwanderer leben. Diese Razzien können dazu führen, dass Familien getrennt werden: Einige Familienmitglieder werden abgeschoben, andere nicht.[20] Dies ist keine Seltenheit. Entsprechenden Erhebungen aus den Vereinigten Staaten aus dem Jahr 2017 zufolge gab es beispielsweise schätzungsweise 16,7 Millionen Familien, in denen sowohl dokumentierte als auch undokumentierte Familienmitglieder im selben Haushalt lebten. 5,9 Millionen davon waren in den USA geborene Kinder.[21] Darüber hinaus leben 4,4 Millionen Kinder unter 18 Jahren mit mindestens einem Elternteil ohne Papiere zusammen.[22] Schätzungsweise eine halbe Million Kinder mit amerikanischer Staatsbürgerschaft waren zwischen 2011 und 2013 von der Abschiebung mindestens eines Elternteils betroffen.[23]

Natürlich sind solche Familientrennungen aufgrund einer Abschiebung besonders schmerzhaft und schwierig für die Betroffenen sowie oftmals überaus belastend für die zurück-bleibenden Familienmitglieder. Dies kann insbesondere bei Kindern schwerwiegende Folgen haben. In einem Bericht des Immigration Council[24] wird ein Zusammenhang zwischen der Abschiebung der Eltern und emotionalen Störungen bei Kindern hergeleitet. Dazu gehört auch Stress, der die Entwicklung des Gehirns beeinträchtigt, zu schlechteren Bildungsergebnissen führt und bei Minderjährigen zur Involvierung des Kinderfürsorgesystems führen kann.

> **Fallbeispiel von Joachim Reimann:**
> Auch wenn es sich nicht um Kinder handelte, so ist doch ein Beispiel aus unserer klinischen Praxis zu nennen, das die mit der Abschiebung verbundene Problematik veranschaulicht: Ein in den USA geborener Ehemann musste nach Tijuana, Mexiko, umziehen und reiste jeden Tag über die Grenze, um bei seiner Frau ohne US-Aufenthaltsgenehmigung sein zu können –und das obwohl er aktiver Soldat der Streitkräfte der USA war. Der Ehemann war besonders um seine Sicherheit und die seiner Familie besorgt. In Tijuana hatte es bereits mehrere Entführungen mit Lösegeldforderungen gege-ben, und er glaubte, dass sein militärischer Status seine Familie zu einem interessanten Ziel für ein solches Delikt machte.

Weiter hinten im Buch gehen wir darauf ein, wie die Dokumentation psychischer Beschwerden bei einem dies-bezüglichen juristischen Verfahren hilfreich sein kann. An dieser Stelle genügt es jedoch zu sagen, dass die damit verbundenen

Verfahren langwierig, kompliziert und schwierig sind, was sie sehr anstrengend macht für die jeweiligen Betroffenen.

Wie bereits erwähnt, sind Kinder und Jugendliche nicht immun gegen Akkulturationsstress. Dieser kann durch eine Vielzahl von Faktoren ausgelöst werden, darunter durch den rechtlichen Status der Familie und die Frage, ob die jeweilige Migration durch Krieg oder kriminelle Bedrohungen erzwungen wurde, da dies häufig mit einer geringeren wirtschaftlichen Sicherheit verbunden sind.[25]

Es gibt aber auch etwas Positives im Zusammenhang mit Migrationen zu berichten. Seit Jahren, insbesondere seit 1986, stellen Forscher fest, dass manche Einwanderergruppen sogar eine bessere körperliche und geistige Gesundheit aufweisen als die übrige Bevölkerung des Landes, in dem sie leben. Asiatische, lateinamerikanische und karibische Migranten haben beispielsweise eine niedrigere Rate an psychischen Erkrankungen als ihre Mitbürger ohne Migrationshintergrund.[26] Angesichts der wirtschaftlichen und anderen Stressoren, denen viele Migranten ausgesetzt sind, mag diese Tatsache kontraintuitiv erscheinen und wurde als „epidemiologisches Paradoxon", „hispanisches Paradoxon" oder „Migrantenparadoxon" bezeichnet. [27,28]

Was sind die Gründe für diese unerwarteten Tendenzen? Ein Faktor mag sein, dass Migranten (aus welchen Gründen auch immer) eher mutiger Natur sind. Sie sind bereit, das Alte und Vertraute für das Neue und weitgehend Unbekannte aufzugeben. Außerdem müssen Migranten ziemlich gesund sein, um solche langen, komplexen und potenziell gefährlichen Reisen zu unternehmen (und diese zu überleben). Zudem bringen Migranten gesunde Teile ihrer Kultur mit. Dazu gehören ihre traditionelle Ernährung ohne ungesundes Fast Food, mehr körperlicher Aktivität sowie ein enges, unterstützendes Familiennetzwerk.

Auch das Zusammenleben mehrerer Generationen in einem Haushalt kann hilfreich sein. Während der Pandemie[29] kann ein beengter Haushalt eine Ausbreitungsquelle für COVID-19 sein, aber Studien belegen, dass Mehrgenerationenhaushalte bei westindischen und lateinamerikanischen Migrantengruppen die Zahl der Wohnungseigentümer, die emotionale Unterstützung unter Familienmitgliedern sowie praktische Vorteile wie eine leichter verfügbare Kinderbetreuung erhöhen.[28]

Darüber hinaus kann auch der Glaube an eine Religion einen positiven Einfluss haben. In einer Studie mit Frauen aus lateinamerikanischen Ländern wurde berichtet, dass der Akkulturationsstress geringer ausfiel, wenn die Frauen einen tieferen religiösen Glauben hatten.[30] Auch wenn dies keine allumfassende Lösung ist, können Gebete und andere auf einem Glauben basierende Meditationen, unabhängig von der spezifischen Glaubensvorstellung, zur Verringerung von Stress beitragen.[31,32]

Andere Studien haben ergeben, dass der Wunsch nach Akkulturation hilfreich ist. Dies kann auf die Einsicht zurückzuführen sein, dass eine Rückkehr ins Herkunftsland eines Migranten nicht wünschenswert oder machbar ist.[33]

Kinder und Jugendliche erfahren bei der Akkulturation sowohl Vorteile als auch Nachteile. Sie lernen Sprachen in der Regel schneller als die erwachsenen Migranten und passen sich leichter an eine neue Umgebung an als Erwachsene. Dies kann jedoch sowohl positive als auch negative Folgen haben. Zu den negativen Aspekten gehört, dass die traditionellen Rollen in Bezug auf Macht und Autorität innerhalb der Familie ins Wanken geraten können. Kinder und Jugendliche tragen unter

Umständen mehr Verantwortung bei der Bewältigung der Herausforderungen im jeweils neuen Land. Notgedrungen finden sie sich oft in der Rolle des Führers und Dolmetschers für ihre Eltern wieder. Solche Rollen sind zwar praktisch für die Migrantenfamilien, können aber mit traditionellen Normen kollidieren, zu Unmut unter den Familienmitgliedern führen und den Kindern Verantwortlichkeiten auferlegen, für die sie entwicklungsmäßig noch nicht bereit sind.

Langfristig gesehen dürfte diese schnellere Akkulturation für Kinder hilfreich sein, wenn sie erst einmal erwachsen sind. In einer Studie, die den Spracherwerb und den Erfolg von Latino/a-Jugendlichen in der Gesellschaft untersuchte, hatten diejenigen, die schneller Englisch gelernt hatten, in vielen Bereichen ihres neuen Heimatlandes positivere Erfahrungen gemacht.[34] Doch wie bereits erwähnt, kann eine schnellere Akkulturation auch zu familiären Konflikten und ungesunden Abhängigkeiten führen.

Zusammenfassend kann man sagen, dass folgende Faktoren dazu führen können, dass Migranten anfälliger für Akkulturationsstress sind:

1. Traumatische Erlebnisse in ihrem Herkunftsland und/oder während ihrer Reise in ein neues Land;
2. Erlebnisse von Diskriminierung und mangelnder Akzeptanz im neuen Land;
3. Negative Veränderungen des sozioökonomischen Status und/oder anhaltende Armut;
4. Ältere Migranten, die mehr Schwierigkeiten haben, sich an neue Bräuche zu gewöhnen und eine neue Sprache zu lernen;

Folgende Faktoren können Migranten hingegen vor Akkulturationsstress bewahren:

1. Ähnlichkeiten zwischen den Kulturen des Herkunftslandes und des neuen Landes;
2. Wenn im Herkunftsland und im neuen Land die gleiche Sprache gesprochen wird;
3. Der Migrant verfügt über Fähigkeiten und Kenntnisse, die im neuen Land besonders geschätzt werden;
4. Der Migrant ist der Mehrheitsbevölkerung im neuen Land physisch ähnlich (in Bezug auf ethnische Merkmale) und „fällt somit nicht auf".
5. Migranten haben ein starkes soziales und familiäres Unterstützungsnetzwerk.

TRAUMATA: VERGEWALTIGUNG, FOLTER UND ANDERE VERLETZUNGEN

Wie bereits erwähnt, kommt es bei Migranten, die aus ihrem Heimatland fliehen mussten und nur über geringe wirtschaftliche Mittel verfügen, leider häufig zu traumatischen Erfahrungen. In diesem Abschnitt wird das Thema traumatische Erlebnisse von Migranten eingehender erörtert.

Die Zahl der Migranten, die 1) in ihrem Herkunftsland, 2) während der Reise, 3) in ihrer Wahlheimat oder 4) in einer Kombination dieser Gegebenheiten eine traumatische Erfahrung machen, ist nicht genau bekannt. Behörden und andere Organisationen haben meist nur wenige oder gar keine statistischen Angaben dazu vorliegen. Migranten schrecken oft davor zurück, traumatische Vorfälle zu melden, weil sie befürchten, dass sie unerwünschte Aufmerksamkeit erregen. Uns liegen dennoch ein paar Informationen vor.

So sind beispielsweise Migranten, die eine erzwungene Migration hinter sich haben, und Personen ohne legalen Status besonders gefährdet, ein Trauma zu erleiden. In einem Bericht des Washington Examiner[35] aus dem Jahr 2018 ist innerhalb eines einzigen Jahres die Rede von 2.200 Todesfällen, 180.000 Vergewaltigungen und erzwungenen Sexualhandlungen, 81.000 Fällen von erzwungenem Drogenschmuggel sowie 27.000 Fällen von Menschenhandel.

Nachfolgend einige Statistiken zu bestimmten Regionen: Seit vielen Jahren sind die Migrationszahlen aus Mexiko und Zentralamerika in die USA besonders hoch. Aus einem Bericht des Center for Immigration Studies[36] geht hervor, dass 68,3 % der Migranten aus dem nördlichen Länderdreieck Zentralamerikas (Honduras, Guatemala, El Salvador) angaben, Opfer von Gewalt geworden zu sein. Darüber hinaus gaben 38,7 % an, zwei derartige Vorfälle erlebt zu haben, und 11,3 % berichteten von drei Vorfällen. Zu gewalttätigen Übergriffen kann es sowohl im Herkunftsland der Migranten als auch auf der Reise zu ihren Zielorten kommen.

Zu den konkreten gewalttätigen Vorfällen gehörten verschiedene Arten von körperlichen Übergriffen und sexuellem Missbrauch. Sieben Prozent (7 %) dieser Migranten gaben an, dass auf sie geschossen worden sei. Zu den Gewalttätern während der Reise der Migranten gehörten kriminelle Banden und aber auch Mitglieder der örtlichen Sicherheitskräfte.

Darüber hinaus wurden zahlreiche Fälle von Ausbeutung gemeldet. Dazu gehörte die Erpressung von Bestechungsgeldern ebenso wie die Einforderung von sexuellen Handlungen im Gegenzug für die Organisatoren der Reise, Schutz unterwegs oder der Unterbringung. In unserer klinischen Praxis haben wir von Mädchen im Alter von 13 Jahren erfahren, die sexuell ausgebeutet und zum Teil auch geschwängert wurden.

Menschen, die die Grenze zwischen den USA und Mexiko überqueren, kommen nicht nur aus lateinamerikanischen

Ländern. Einige stammen ursprünglich aus dem Nahen Osten und anderen Regionen. Wir haben erfahren, dass eine häufig genutzte Route mit einer Reise in ein europäisches Land beginnt. Für Migranten, die über wirtschaftliche Mittel verfügen, folgt dann ein Flug nach Mexiko-Stadt oder in eine andere mexikanische Großstadt, vermutlich weil die Einreisebestimmungen dort lockerer sind. Anschließend nehmen die Migranten einen Regionalflug in eine Stadt an der amerikanisch-mexikanischen Grenze, wie Ciudad Juarez oder Tijuana, Mexiko. Schließlich geben sie sich bei den amerikanischen Grenzbehörden als Asylbewerber aus oder versuchen einfach, auf eigene Faust die Grenze zu überqueren. Die Anzahl der Migranten, die diese Routen zurückgelegt und traumatische Ereignisse erlebt haben, ist nicht bekannt. Angesichts der Tatsache, dass sie aus ihren Heimatländern geflohen sind, weil sie dort wahrscheinlich in irgendeiner Form bedroht wurden, ist jedoch davon auszugehen, dass es sich um eine entsprechend hohe Zahl handelt.

In Europa gibt es wenige Statistiken dazu. Die European Union Agency for Fundamental Rights (FRA) räumt ein, dass die meisten staatlichen Stellen in der EU diese Art von Informationen über traumatische Erfahrungen nicht erfassen. Die griechischen Asylbehörden berichten jedoch, dass im Jahr 2016 577 der Antragsteller angaben, Folter, Vergewaltigung oder andere sexuelle Gewalt überlebt zu haben. Die meisten von ihnen kamen aus Syrien, dem Irak oder aus Afghanistan.[37]

Zwar gibt es auch hierzu nur wenige eindeutige Statistiken, aber die FRA berichtet, dass auch die Polizei und andere Behörden übermäßige Gewalt und damit verbundene Misshandlungen gegen in Europa ankommende Migranten angewandt haben. Zu den konkreten Vorfällen gehören der Einsatz von nicht angeleinten Hunden, Pfefferspray, Schläge, verbale

Einschüchterung und das Wegnehmen von warmer Kleidung. Als Länder, in denen es zu solchen Übergriffen kam, wurden Ungarn, Bulgarien und Griechenland genannt.[37]

Bei unseren Recherchen in San Diego innerhalb der Bevölkerungsgruppen aus dem Nahen Osten und Ostafrika konnten wir feststellen, dass die Mehrheit dieser Migranten (56 %) angab, in ihren Herkunftsländern in irgendeiner Form verfolgt worden zu sein. Von diesen waren 17 % gefoltert worden, meistens wegen ihrer religiösen Überzeugungen und/oder ihrer kulturellen und stammesbedingten Zugehörigkeit. Weitere 37 % gaben an, in den USA in irgendeiner Form belästigt worden zu sein. Darunter fielen auch sogenannte „hate crimes", bzw. Verbrechen, die aus Hass oder wegen Vorurteilen begangen wurden. Unsere klinischen Erfahrungen zeigen, dass sich die von uns aufgezeigten Verhältnisse im Laufe der Zeit nicht wesentlich gemindert haben.[31]

Unsere klinische Arbeit umfasste auch Dienste für Betroffene, die angaben, gefoltert worden zu sein. Einige Formen von Folter wurden von Einzelpersonen und brutalen kriminellen Gruppen verübt. Bei anderen handelte es sich um organisierte, staatlich angeordnete Folter, die ein systematisches Protokoll befolgte und politisch motiviert war.

Ein typisches Beispiel aus einem Land im Nahen Osten lautet wie folgt: Einzelpersonen wurden von den örtlichen Behörden abgeholt und der Aufwiegelung gegen die Regierung beschuldigt. Sie gehörten zumeist religiösen und/oder ethnischen Minderheiten an und weigerten sich möglicherweise, der regierenden politischen Partei beizutreten. In den meisten Fällen waren sie nicht Mitglied einer organisierten Widerstandsgruppe, da solche Organisationen über bessere Mittel zum Schutz ihrer Mitglieder verfügen.

Die Personen wurden in einer dunklen Zelle inhaftiert, in der sie isoliert waren, aber die Schreie anderer Häftlinge hören konnten, die vermutlich gefoltert wurden. Nahrung und sanitäre Einrichtungen wurden ihnen weitgehend verweigert. Anschließend wurden sie wiederholt verhört und geschlagen. In einem uns bekannten Fall wurde die Mutter eines männlichen Häftlings festgehalten, nackt ausgezogen und vor seinen Augen verprügelt. Einzelpersonen wurden auch in einen Innenhof gebracht, wo ihnen gesagt wurde, dass sie getötet werden würden. Nach wiederholten Schlägen, Einschüchterungen, Isolation und Todesdrohungen wurde diesen Menschen schließlich ein Ausweg aus dem Gefängnis angeboten. Konkret wurde ihnen gesagt, dass sie ein schriftliches Geständnis über ihre (oft nicht begangenen) Verbrechen gegen die Regierung ablegen und sich bereit erklären müssten, ihre Familienmitglieder, Freunde und Nachbarn zu bespitzeln, wenn sie freigelassen werden wollten. Anschließend mussten sie der Regierung alle vermeintlich verdächtigen Aktivitäten melden. Es ist nicht weiter verwunderlich, dass die Betroffenen diesen Forderungen oft zustimmten, um das Gefängnis verlassen zu können.

Einige, die diese Folter erlitten haben, sind anschließend aus dem Land geflohen. Dieser Prozess ist mit politischen Gefahren behaftet. Manche werden in einem anderen Land ohne amtliche Papiere aufgegriffen und in ihr Heimatland zurückgeschickt. Dort wird davon ausgegangen, dass sie gegen ihre „Vereinbarung" verstoßen haben und geflohen sind, beides Umstände, die zu noch härteren Strafen bis hin zum Tod führen können. Möglicherweise haben auch Personen mit ihren Entführern kooperiert, bevor sie ins Ausland flohen. Sie können dann als Gewalttäter identifiziert und von ihren Mitmigranten als „Bösewichte" angesehen werden.

NICHT VERARBEITETE TRAUER

Es ist also nicht verwunderlich, dass die oben beschriebenen Ereignisse und Umstände oft zu großer Trauer und einem Gefühl des Verlustes führen. Dies ist denn auch unser nächstes Thema.

Todesfälle unter Migranten: Eine Quelle der psychischen Belastung für Migranten und ihre Familien kann die erlebte Trauer sein. Viele haben durch Krieg, Verfolgung, Bandengewalt und andere Ereignisse Angehörige verloren. Andere wissen vielleicht nicht, ob verschollene oder entführte Familienmitglieder noch am Leben sind. Zu solchen Ereignissen kann es sowohl im Herkunftsland eines Migranten als auch während der Reise in ein neues Heimatland kommen. Wenn diese Umstände nicht geklärt werden, kann sich daraus ein schwerwiegendes Problem entwickeln, das klinisch als „komplizierte Trauer" bzw. „anhaltende Trauerstörung" oder auch „pathologische Trauer" bezeichnet wird.

Die Wahrscheinlichkeit eines Todesfalls unter Migranten, die in ein neues Heimatland reisen, ist erheblich. Die genaue Zahl der Menschen, die während ihres Migrationsprozesses ihr Leben verloren haben, lässt sich nicht beziffern. Viele dieser Vorkommnisse werden nicht erfasst. Mehrere internationale Organisationen und lokale Initiativen haben jedoch versucht, sie zu dokumentieren. Hier sind einige darauf basierende Schätzungen.

Weltweit wurden seit dem Jahr 1996 mehr als 75.000 Todesfälle unter Migranten registriert. Diese Zahl verdeutlicht nicht nur die Problematik der Todesfälle unter Migranten, sondern kann auch Aufschluss darüber geben, welche Auswirkungen diese Vorfälle auf die zurückbleibenden Familienmitglieder haben können.

Das Missing Migrants Project der International Organization of Migration (IOM) ist ein Versuch, Statistiken über Migranten zu erstellen.[38] IOM kombiniert Daten aus vielen verschiedenen Quellen und verwendet diese, um Todesfälle bei Migranten während ihres internationalen Migrationsprozesses zu erfassen. Das Projekt erfasst auch Migranten, die bei der Überquerung von Gewässern (meist in Booten) verschwunden sind. Aus praktischer und politischer Sicht kann dies dazu beitragen, Todesfälle an verschiedenen Grenzen zu identifizieren und Informationen über besonders gefährliche Migrationsrouten zu gewinnen. Die Zahlen enthalten jedoch in der Regel nicht die Todesfälle, zu denen es in Flüchtlingslagern, Haftanstalten, während der Abschiebung oder bei der erzwungenen Rückkehr von Migranten an ihren Herkunftsort kam.

Aus den IOM-Daten zu Todesfällen oder zu dem Verschwinden von mehr als 33.400 Frauen, Männern und Kindern seit Beginn der Erhebung dieser Daten im Jahr 2014 lässt sich eine weltweite Tendenz ablesen. Die meisten dieser Todesfälle (18.500) ereigneten sich im Mittelmeer. Die zentrale Mittelmeerroute von Nordafrika nach Italien weist mit 15.500 Toten zwischen Januar 2014 und Oktober 2019 die höchste Todeszahl und die meisten Verschollenen auf.[38]

Auch auf dem afrikanischen Kontinent wurden mehr als 7.400 Todesopfer registriert. Viele davon ereigneten sich, als Menschen versuchten, die Sahara zu durchqueren. Darüber hinaus wurden mehr als 3.000 Sterbefälle auf Migrationen in Asien zurückgeführt, zuletzt im Zusammenhang mit der Migration aus Myanmar durch das Volk der Rohingya (eine ethnische Gruppe in der Region).[38]

In Zentralamerika wurden seit dem Jahr 2014 mehr als 3.600 Menschen während einer Migration als vermisst gemeldet. Etwa 60 % dieser Vorfälle wurden an der Grenze zwischen den USA und Mexiko dokumentiert.

Der Tod von Migranten kann besonders „real" und schockierend sein, wenn dieser sich in der Nähe unseres eigenen Wohnorts ereignet, selbst wenn es sich um unbekannte Menschen handelt. Am Morgen des 2. Mai 2021, als wir in San Diego County dieses Buch schrieben, lief bei rauer See ein 40-Fuß-Kajütboot mit schätzungsweise 30 Migranten ohne Papiere an Bord auf ein Riff auf und brach an einem der Strände vor der Küste San Diegos auseinander. Trotz intensiver Rettungsbemühungen starben mindestens vier Menschen und viele weitere wurden in eine Klinik eingeliefert. Berichten zufolge war das Boot nicht seetauglich – das Hauptziel der Schmuggler ist Profit, nicht Menschenleben. Was mit den Menschen geschieht, ist für sie weitgehend irrelevant, wenn sie ihre Gewinne eingestrichen haben.[39]

Derartige Vorkommnisse sind leider kein Einzelfall. Im November 2021 ertranken 27 Migranten bei dem Versuch, den Ärmelkanal von Frankreich nach Großbritannien zu überqueren. Ihr überladenes Schlauchboot kenterte. Unter den Toten befanden sich Berichten zufolge fünf Frauen und ein kleines Mädchen. Menschen aus Afrika und dem Nahen Osten betrachten das Vereinigte Königreich offensichtlich als das beste Ziel, weil dort Englisch gesprochen wird, manche bereits Verwandte im Vereinigten Königreich haben und es für sie dank einer entspannteren Herangehensweise an die Arbeits- und Einwanderungsgesetze einfacher ist, einen Arbeitsplatz zu finden.[40]

Das Missing Migrants Project von IOM ist aus mehrfachen Gründen wichtig. Anhand der erstellten Statistiken lassen sich die Risiken gängiger Migrationsrouten bewerten und anschließend Maßnahmen und Programme zur Erhöhung der Sicherheit entwickeln. Das Projekt unterstützt auch Personen, die nach vermissten Angehörigen suchen, indem es sie an das vom Roten Kreuz und dem Roten Halbmond betriebene Restoring Family Links Network verweist.

Kein Wunder also, dass die oben beschriebenen Umstände bei Migranten zu einer emotionalen Belastung führen können. Der nächste Abschnitt befasst sich mit den Formen, die eine solche emotionale Belastung annehmen kann.

Komplizierte Trauer: Wenn man die oben genannten Zahlen berücksichtigt, ist leicht zu erkennen, dass Trauer, Verlust und – in ihrer schwereren Form – die komplizierte Trauer bzw. die pathologische Trauer, häufige Beschwerden unter Migranten sind.[41] Sie werden auch häufig von Psychologen, Psychiatern und anderen psychotherapeutischen Fachleuten behandelt, die mit diesen Bevölkerungsgruppen arbeiten.

Die meisten Menschen machen irgendwann in ihrem Leben die Erfahrung, einen geliebten Menschen zu verlieren. Für die Mehrheit von uns sind Trauer und Verlust mit einer Phase der Trauer, der Traurigkeit, der Distanziertheit und sogar mit Schuldgefühlen und Wut über den Verlust verbunden. Menschen werden ihre Angehörigen weiterhin vermissen und sich an sie erinnern. Aber mit der Zeit wird die mit dem Verlust verbundene emotionale Intensität nachlassen. Dies ist ein natürlicher Heilungsprozess.[42]

Wenn Menschen einen Todesfall verarbeiten, durchlaufen sie in der Regel verschiedene Phasen des Trauerprozesses. Die genaue Reihenfolge und Dauer der einzelnen Phasen ist von Person zu Person unterschiedlich.

Nach Kübler-Ross[43] beginnt die Trauer typischerweise mit der Verleugnung des Verlustes. Darauf folgt oft die Wut über die Ungerechtigkeit des Verlustes. Diese Wut kann sich gegen Menschen richten, die als Verursacher des Verlustes angesehen werden, oder auch gegen sich selbst. Manche verfallen in eine starke Depression und haben das Gefühl, dass die Hoffnung auf ein besseres Leben verloren gegangen ist. Viele Menschen akzeptieren schließlich den Tod des geliebten Menschen. Sie erleben die Realität des Verlustes. Aber sie passen sich auch an ihr neues Leben, ihre Pläne und Träume für die Zukunft an. Letztendlich können diese Menschen neue Hoffnung schöpfen und neue gesunde Beziehungen aufbauen.[42]

In Fällen, in denen ein Todesfall durch Gewalt oder kriminelle Handlungen verursacht wurde, können Menschen Trost daraus schöpfen, wenn der Täter vor Gericht gestellt wird. Manche finden schließlich sogar die Kraft, dem Täter zu vergeben.[44,45]

Für andere jedoch ist der Verlust so schrecklich, dass ihre emotionale Belastung nicht aufhört und nicht einmal mit der Zeit nachlässt. Aus klinischer Sicht bezeichnen wir diese Reaktion als „komplizierte Trauer" bzw. „anhaltende Trauerstörung" oder „pathologische Trauer". In diesen Fällen bleiben die schmerzhaften Emotionen und der Verlust so stark und lang anhaltend, dass es für die Person äußerst schwierig ist, sich davon zu erholen und zu einem „normalen Leben" zurückzukehren.[42]

Werfen wir einen Blick auf die Gemeinsamkeiten und Unterschiede zwischen gewöhnlicher und komplizierter Trauer: Wie bereits erwähnt, gehören Kummer und Traurigkeit über den Verlust der geliebten Person(en) zu den normalen Erfahrungen von Trauernden. Dieser Zustand verschlimmert sich, wenn die

Hinterbliebenen auf Orte, Menschen und Situationen treffen, die sie an den/die Verstorbenen erinnern.

Zunächst ist der Unterschied zwischen gewöhnlicher Trauer und komplizierter Trauer schwer zu erkennen. In den ersten Monaten nach einem Verlust ähneln sich viele Symptome, die mit normaler und komplizierter Trauer verbunden sind. Doch während die normalen Trauersymptome mit der Zeit allmählich abklingen, bleiben die Symptome der komplizierten Trauer bestehen oder verschlimmern sich sogar.

Einige Anzeichen für komplizierte Trauer sind: Die Betroffenen empfinden weiterhin intensive Trauer, Schmerz und Kummer über den Verlust eines geliebten Menschen. Sie empfinden auch weiterhin eine intensive Sehnsucht nach dem verstorbenen geliebten Menschen. Sie denken an kaum etwas anderes als an den Tod des geliebten Menschen. Sie reagieren sehr stark auf Orte, Personen und Umstände, die an den geliebten Menschen erinnern, und meiden diese aufgrund der intensiven Trauer, die sie auslösen.

Menschen mit komplizierter Trauer können auch Gefühle der Distanziertheit und emotionalen Taubheit erleben. Sie sind verbittert über den Verlust und glauben, dass ihr Leben keinen Sinn und Zweck mehr hat. Sie scheinen nicht mehr in der Lage zu sein, sich an irgendetwas zu erfreuen oder an positive Erinnerungen zurückzudenken, die sie mit dem verlorenen geliebten Menschen geteilt haben. Oft fangen sie an, anderen zu misstrauen, die ihrer Meinung nach die Erfahrung des Trauernden „unmöglich so verstehen" können wie sie selbst.

Die Beschwerden, die sich aus einer komplizierten Trauer ergeben, können schwerwiegend und lang anhaltend sein. Betroffene einer komplizierten Trauer können an nichts anderes denken als an ihre Trauer und haben Schwierigkeiten, den Tod eines geliebten Menschen zu akzeptieren. Wut und Verbitterung über den Tod können dazu führen, dass sie ihre Lebensfreude verlieren. Betroffenen mit komplizierter Trauer fällt es zunehmend schwer, Aktivitäten nachzugehen, die vor dem Verlust Routine waren. Sie ziehen sich von anderen Menschen zurück, fühlen sich schuldig, weil sie den Tod eines geliebten Menschen nicht verhindern konnten, und kommen zu dem Schluss, dass das Leben nicht mehr lebenswert ist. Oft wünschen sie sich, sie wären zusammen mit dem geliebten Menschen gestorben. Manche denken sogar an Suizid. Darüber hinaus können auch körperliche Symptome auftreten, die mit Angstzuständen einhergehen, wie z.B Kurzatmigkeit, Schmerzen in der Brust oder andere körperliche Beschwerden. Der Stress kann das Immunsystem schwächen und das Risiko einer körperlichen Erkrankung (z.B. Herzerkrankungen, Krebs oder Bluthochdruck) erhöhen. Es kann erhebliche Überschneidungen bei der Symptomatik von Trauer und einer posttraumatischen Belastungsstörung (PTBS) geben. Auf PTBS wird später ausführlich eingegangen.

Fachleute für die psychische Gesundheit wissen nicht genau, warum manche Menschen, die ähnlichen Umständen ausgesetzt waren, eine komplizierte Trauer entwickeln und andere nicht, aber mehrere Faktoren könnten eine Rolle spielen. Dazu gehören genetische Veranlagung, erlernte Methoden zur Bewältigung der Realität und die Art der Persönlichkeit.

Ältere Menschen und Frauen scheinen anfälliger zu sein und ein höheres Risiko zur Entwicklung einer komplizierten Trauer zu haben. Weitere Umstände, die das Risiko einer solchen Trauer erhöhen, sind ein unerwarteter oder besonders gewaltsamer Tod (z.B. ein Autounfall, Mord, Krieg oder Selbstmord), der Tod eines Kindes, eine starke Abhängigkeit von der verstorbenen

Person, der Verlust von Freundschaften (z.B. wenn andere die trauernde Person für den Tod verantwortlich machen), eine Vorgeschichte mit anderen Traumata und/oder emotionalen Störungen sowie zusätzlicher Stress im Alltag.

Über die Prävalenz von komplizierter Trauer bei bestimmten Nationalitätengruppen liegen Forschern kaum Informationen vor. Eine Studie belegt jedoch, dass je nach Herkunftsland 32 % der Migranten eine derartige Trauer erleben.[46] Die Trauer von Migranten kann verstärkt werden, wenn wichtige Familienmitglieder nicht anwesend sind, um zu helfen. Das Leben in einem neuen Land kann auch die Einhaltung traditioneller Bestattungspraktiken einschränken.[47]

Ein Schlüssel zur Diagnose und Behandlung von Trauer und komplizierter Trauer besteht darin, die kulturellen und religiösen Zusammenhänge zu erkennen, die die Erfahrung einer Person prägen. Aber selbst, wenn man auf Ähnlichkeiten bei dem kulturellen und religiösen Hintergrund von Personen stößt, gibt es immer individuelle Unterschiede, die berücksichtigt und respektiert werden müssen.

Zusammenfassend lässt sich sagen, dass komplizierte Trauer körperliche, psychische und soziale Auswirkungen auf Migranten haben kann. Diejenigen, die aufgrund von Krieg, Armut und krimineller Gewalt aus ihrer Heimat fliehen mussten, sind besonders gefährdet. Sie nehmen oft lange und gefährliche Reisen auf sich. Im Folgenden werden einige grundlegende Überlegungen zum Umgang mit Trauer beschrieben. Es folgt eine Erörterung der Resilienz bei komplizierter Trauer.

Wann professionelle Hilfe in Anspruch genommen werden sollte: Manche Betroffene zögern, professionelle Hilfe in Anspruch zu nehmen, weil sie befürchten, dass sie dafür kritisiert oder lächerlich gemacht werden. Dies kann auf

Freunde und Familienmitglieder zurückzuführen sein, die ihr Trauerverhalten kritisiert haben („Es ist doch schon eine Weile her, du solltest so langsam mal damit fertig werden"). Fachleute für psychische Gesundheit haben ein besseres Verständnis dafür, dass jeder Mensch in seinem eigenen Tempo und in seinem eigenen Zeitrahmen trauern muss.[48]

Es ist jedoch ratsam, sich an seinen Arzt oder eine psychotherapeutische Fachkraft zu wenden, wenn die Trauer sehr intensiv ist und man Schwierigkeiten mit der Bewältigung von täglichen Aufgaben hat. Die Zeit, die Menschen für ihre Trauer benötigen, ist sehr unterschiedlich. Betroffene sollten keine Scheu davor haben, um Hilfe zu bitten. Wenn die seelische Belastung sich innerhalb eines Jahres nicht bessert, sollte auf jeden Fall professionelle Hilfe gesucht werden.

Wie man komplizierte Trauer verhindern kann, ist nicht ganz klar. Es kann hilfreich sein, schon bald nach dem Verlust eines geliebten Menschen eine Therapie in Anspruch zu nehmen, insbesondere für Betroffene mit einem erhöhten Risiko, eine komplizierte Trauer zu entwickeln. Auf verschiedene formale Behandlungsmöglichkeiten gehen wir später in diesem Buch ein. Hier sind jedoch einige erste Überlegungen dazu, wie die Trauer besser bewältigt werden kann.

- **Reden:** Betroffene, die über ihre Trauer sprechen können und sich gestatten, ihre Gefühle zu zeigen (z.B. durch Weinen), können die Wahrscheinlichkeit einer Überforderung durch ihre Traurigkeit verringern. Weinen ist einer der Mechanismen, anhand dessen der menschliche Körper Stress verarbeitet und abbaut.
- **Unterstützung:** Im Idealfall können Familienmitglieder, Freunde, soziale Unterstützungsnetzwerke und

Glaubensgemeinschaften den Betroffenen helfen, ihre Trauer zu verarbeiten. Einige Selbsthilfegruppen konzentrieren sich auf eine bestimmte Art von Verlust, z.B. den Tod eines Ehepartners oder eines Kindes während eines Krieges. Der Kontakt zu anderen Betroffenen, die sich in einer ähnlichen Situation befinden und den Trauerprozess durchlaufen haben, kann vor Augen führen, dass eine Besserung möglich ist.

- **Kulturbasierte Verarbeitung:** Der Tod ist zwar universell, aber die verschiedenen Kulturen haben unterschiedliche Wege, mit Verlust und Trauer umzugehen. Der Tag der Toten (1. und 2. November) (*Día de Los Muertos*) ist beispielsweise ein mexikanischer Feiertag, der sich mit den katholischen Festen Allerheiligen und Allerseelen überschneidet, die in vielen Ländern begangen werden. An diesem Feiertag können Familienmitglieder und Freunde ihrer Verstorbenen gedenken und sie ehren, indem sie deren Leben würdigen. Sie errichten Hausaltäre, bringen Opfergaben dar und besuchen die Gräber mit Geschenken. Diese Praxis ist nicht identisch mit der Ahnenverehrung, wie sie in der chinesischen taoistischen Tradition praktiziert wird, kennt aber teilweise ähnliche Praktiken. Sie beruht auf dem Glauben, dass verstorbene Familienmitglieder weiterleben; ihre Geister kümmern sich um die Familie und beeinflussen die Geschicke der Lebenden. Es ist die Aufgabe der lebenden Familienmitglieder, ihre Ahnen in der spirituellen Welt bei Laune zu halten. Bei diesen beiden Beispielen handelt es sich um Rituale und Überzeugungen, die die Verstorbenen ehren und ihnen mit Freude gedenken, statt sich auf den Verlust durch ihren Tod zu konzentrieren. Dies dient zum Teil dazu, die Kontinuität der Familienlinie zu stärken.

Von unseren Patienten lernen wir in der Therapie manchmal eine ganze Menge über Trauerverarbeitung und Resilienz. Hier ist ein solches Beispiel aus unserer klinischen Praxis.

Fallbeispiel von Joachim Reimann:

Eine Patientin kam in einer emotionalen Notlage in unsere Praxis. Sie war vor politischer Verfolgung in einem osteuropäischen Land geflohen und hatte es geschafft, sich in den USA ein neues Leben aufzubauen. Sie hatte geheiratet und plante, Kinder zu bekommen. Doch dann verstarb ihr Mann infolge eines Unfalls.

Die junge Frau beschrieb sich selbst als jemand, der seine Gefühle unter normalen Umständen kontrollieren konnte. Doch mit dem Tod ihres Mannes kam ihr diese Fähigkeit abhanden. Auf ergreifende Weise erzählte sie von einem Vorfall, bei dem ein Kollege zu ihr sagte, es sei „erstaunlich, dass du das überlebt hast". Ohne nachzudenken, antwortete sie: „Habe ich nicht." Sie war selbst nicht beim Unfall dabei gewesen und hatte entsprechend keine körperlichen Verletzungen davongetragen. Die Antwort der Frau bezog sich auf ihr psychisches Funktionieren.

Letztendlich hatte die junge Frau mit ihrer Antwort sowohl Recht als auch Unrecht. Sie war nicht mehr dieselbe, die sie vor dem Unfall ihres Mannes gewesen war. Dieser hatte sie verändert. Daher hatte ihr früheres Ich tatsächlich nicht überlebt. Doch mit der Zeit gelang es ihr, das Andenken ihres Mannes zu ehren, indem sie das Leben führte, von dem sie wusste, dass er es ihr gewünscht hätte. Ihrer Beschreibung nach liebte er sie ganz offensichtlich und wollte nur das Beste für sie. Also machte sie sich daran, das zu erreichen.

POSTTRAUMATISCHE BELASTUNGSSTÖRUNG

Die meisten Psychologen, Psychiater und andere Gesundheitsdienstleister verwenden Standarddiagnosen aus der neuesten International Classification of Diseases oder aus dem Diagnostic Statistical Manual in den USA, um zu ermitteln, an welcher Erkrankung ihre Patienten leiden. Dies hilft beim Bestimmen der bestmöglichen Behandlung.

Die Posttraumatische Belastungsstörung (PTBS) ist eine solche Diagnose. Sie wird im Allgemeinen als ein psychischer Zustand definiert, der auftreten kann, wenn eine Person ein oder mehrere traumatische Ereignisse direkt erlebt oder persönlich miterlebt hat oder erfahren hat, dass ein solches Ereignis oder solche Ereignisse einem geliebten Menschen widerfahren ist/sind, oder wenn sie wiederholt oder in extremer Weise negativen Details eines oder mehrerer solcher Ereignisse ausgesetzt war.

Zu den PTBS-Symptomen gehören unter anderem aufdringliche Gedanken über das traumatische Erlebnis, „Flashbacks", Schlafprobleme, Albträume, ausgeprägte Angstzustände, das Gefühl der Unwirklichkeit oder der Distanziertheit von anderen, Unruhe/Reizbarkeit, Schreckhaftigkeit, Depressionen, Konzentrationsprobleme und körperliche Reaktionen auf Situationen, die an das erlebte Trauma erinnern. Später in diesem Abschnitt gehen wir ausführlicher auf die verschiedenen Empfindungen ein, zu denen Betroffene mit PTBS neigen.

Es ist wohl nicht weiter verwunderlich, dass PTBS zu den Beschwerden von Migranten gehören kann, die sehr schlimme Ereignisse wie Krieg, Verfolgung, kriminelle Bedrohung, Erpressung, sexuelle Übergriffe, körperliche Verletzungen und andere Qualen erlebt haben. Konkrete Schätzungen reichen von etwa 30 % bei syrischen Erwachsenen bis hin zu 76 % bei syrischen Kindern.[49,50] Eine Studie ergab, dass 9 % der Jugendlichen mit lateinamerikanischem Migrationshintergrund und 21 % ihrer Betreuungspersonen ein erhöhtes Risiko für das Auftreten einer PTBS haben.[51] Im Vergleich dazu leiden in der allgemeinen erwachsenen Bevölkerung weltweit zwischen 1 % und 6 % an einer PTBS.

Während wir an diesem Buch arbeiteten, zogen sich die amerikanischen Streitkräfte aus Afghanistan zurück. Die genauen psychologischen Auswirkungen dieses Ereignisses auf die afghanische Bevölkerung sind noch nicht bekannt. In den Nachrichten war jedoch immer wieder zu sehen, wie zwischen dem 14. und 31. August 2021 verzweifelte Menschen auf dem Kabuler Flughafen versuchten, das Land zu verlassen. Insgesamt haben die USA und ihre Verbündeten nach der Machtübernahme durch die Taliban mehr als 114.000 Menschen in verschiedene Länder evakuiert.[52] Alles deutet darauf hin, dass auch weiterhin Menschen vor dem neuen Regime fliehen werden.[53] Daher ist es sehr wahrscheinlich, dass die Aufnahmeländer für afghanische Flüchtlinge eine hohe Zahl von Migranten mit PTBS in dieser Bevölkerungsgruppe verzeichnen werden.

Die persönlichen Geschichten von afghanischen Flüchtlingen sind oftmals sowohl frustrierend als auch inspirierend. In einem Artikel in The Week vom 13. Mai 2022 werden beispielsweise Mitglieder des Female Tactical Platoon beschrieben, einer afghanischen Eliteeinheit, die amerikanische Spezialeinheiten beim Aufspüren von Taliban-Kämpfern unterstützte. Als Frauen konnten sie leichter Informationen von anderen Frauen sammeln. Nach allem, was man hört, waren sie sehr erfolgreich bei ihren Missionen. Doch mit dem Abzug der USA mussten sie aus ihren Häusern fliehen. Dem Artikel zufolge arbeitete mindestens eine von ihnen anschließend in einem Fast-Food-Laden in den USA.[54] Angesichts ihrer bewiesenen Fähigkeiten, ihrer Entschlossenheit, ihres Mutes und ihrer Unterstützung der amerikanischen Angriffsziele ist es wahrscheinlich, dass die Veteraninnen des Female Tactical Platoon in ihrem neuen Leben mehr als erfolgreich sein werden. Es liegt auch im Interesse ihres neuen Heimatlandes, die bewährten Talente anzuerkennen und den Erfolg dieser Frauen zu fördern.

Wie bereits erwähnt, hat der Einmarsch Russlands in die Ukraine wiederum eine Situation geschaffen, in der viele aus ihrer Heimat fliehen. Während wir dieses Buch schreiben, ist der endgültige Ausgang dieses Krieges noch ungewiss. Er zeigt jedoch einmal mehr, dass eine Flüchtlingskrise Menschen aus allen sozioökonomischen Schichten treffen kann. Es ist außerdem bemerkenswert, dass viele Ukrainerinnen und Ukrainer nach Beendigung des Konflikts in ihre Heimat zurückkehren und ihr Land wieder aufbauen wollen, statt dauerhaft in andere Länder auszuwandern.[55] Ob die Flucht aus der Ukraine nur vorübergehend ist oder zu einer dauerhaften Übersiedlung in die Aufnahmeländer führen wird, bleibt für viele also vorerst offen. Es ist allerdings anzunehmen, dass viele ukrainische Flüchtlinge an einer PTBS leiden werden.

Geschichte und kulturelle Kontexte: In der gesamten Menschheitsgeschichte wurden Zusammenhänge zwischen traumatischen Ereignissen und nachfolgenden „nervösen" oder psychischen Symptomen festgestellt. Diese Zusammenhänge

wurden in lateinamerikanischen Kulturen als *sustos*
(Seelenverlust oder Seelenschreck) bezeichnet[56] und in kam-
bodschanischen Traditionen als Anfälle von *khyâl* (Wind).[57]

In den westlichen Gesellschaften gab es diverse Bezeichnungen
für das, was heute PTBS genannt wird. Im 19. Jahrhundert
gehörte dazu der Begriff „Nervenschock".[58] Im militärischen
Bereich wurde in den Aufzeichnungen des amerikanischen
Bürgerkriegs in den frühen 1870er Jahren ein Zustand beschrieben, der als „Soldatenherz" oder „reizbares Herz" bezeichnet
wurde und auf Kampfstress zurückzuführen war.[59] Im Ersten
Weltkrieg nannte man ihn „shell shock" (Schützengrabenschock
bzw. Granatenschock).[60] Während des Zweiten Weltkriegs
wurde der Begriff „shell shock" allmählich durch „terror neu-
rosis" (Kriegsneurose) ersetzt.[61] Je nach Zeiten fand man weitere Namen für das Leiden, wie z.B. „*Schreckneurose*", „akute
neurotische Reaktion", „ausgelöste Neurose", „Angstsyndrom
nach Unfall" und „posttraumatische Hysterie".[61] Während des
Amerika-Vietnam-Konflikts wurde häufig von „battle fatigue"
(Kampfmüdigkeit) gesprochen. Im Jahr 1980 wurde schließlich
die „Posttraumatische Belastungsstörung" zur offiziellen
Bezeichnung für diese Form von Beschwerden.

Warum entwickeln manche aufgrund eines Traumas psychische Beschwerden und andere nicht? Genetische, körperliche
und soziale Faktoren machen einige Menschen anfälliger für das
Auftreten einer PTBS nach einem traumatischen Erlebnis. Die
Kombination aus früheren Traumata und anhaltenden langfristigen Stressoren kann die Symptome verschlimmern. Diese
Kombination ist besonders häufig bei denjenigen, die eine
gefährliche Zwangsmigration hinter sich haben. In der wissenschaftlichen Literatur wird dies als komplexe PTBS bezeichnet.
In einer unserer Studien fanden wir z.B. heraus, dass Migranten

aus dem Nahen Osten und Ostafrika, die in ihrem Leben mehrere Traumata erlebt hatten, schwerere Symptome aufwiesen als diejenigen, die keine derartigen Erfahrungen gemacht hatten.[31] Angesichts dieser Art von Belegen wird die komplexe PTBS wahrscheinlich in künftigen Ausgaben der International Classification of Diseases aufgenommen werden.[62]

Zusammengefasst lauten die Kriterien zur Diagnose von PTBS im DSM-5, ergänzt durch einige für Migranten spezifische Beispiele, wie folgt:

A. Die betroffene Person hat ein Ereignis erlebt, bei dem ihr oder einer anderen Person der Tod, eine ernsthafte Verletzung oder sexuelle Gewalt auf eine (oder mehrere) der folgenden Arten drohte:

1. Die Person hat ein oder mehrere traumatische Ereignisse unmittelbar erlebt. Bei Personen, die aus ihrem Herkunftsland fliehen mussten (und/oder auf dem Weg in ein neues Heimatland sind), kann dies bedeuten, dass sie verletzt, vergewaltigt, gefoltert, ausgeraubt oder in anderer Weise zu Schaden gekommen sind.

2. Die Person hat das/die Ereignis/se, bei dem/denen andere, z.B. Freunde oder Familienmitglieder, zu Schaden kamen, persönlich miterlebt. Auch dies gehört zu den häufigen Erfahrungen von Menschen, die eine Zwangsmigration hinter sich haben.

3. Die Person hat erfahren, dass einem nahen Familienmitglied oder engen Freund ein oder mehrere traumatische Ereignisse widerfahren sind. Diese/s Ereignis/se müssen physisch oder psychisch gewalttätig gewesen sein. Manche erfahren beispielsweise, dass geliebte Menschen getötet wurden, entführt wurden oder verschollen sind, sodass ihr Status und ihr Verbleib unbekannt sind. Andere erfahren

nie, was mit ihren Angehörigen bzw. geliebten Personen geschehen ist.

4. Die betroffene Person hört oder sieht immer wieder Details des traumatischen Ereignisses oder der traumatischen Ereignisse. Zum Beispiel können Betroffene die sterblichen Überreste eines geliebten Menschen sehen, auch wenn sie deren Tod selbst nicht miterlebt haben, oder sie erfahren von anderen immer wieder Einzelheiten über den Tod oder die ernsthafte Verletzung eines geliebten Menschen. Die Medienberichterstattung über den Ukraine-Krieg, die ermordete Zivilisten auf der Straße zeigt, ist ein trauriges Beispiel dafür.

B. Eines (oder mehrere) der folgenden Symptome, die mit dem/den traumatischen Ereignis/sen verbunden sind, treten auf:

1. Wiederholte, unerwünschte und belastende Erinnerungen an traumatische Ereignisse. Betroffene versuchen, diese Erinnerungen zu vermeiden, aber oft gelingt es ihnen nicht.

2. Wiederholte beunruhigende Träume, die sich auf traumatische Ereignisse beziehen.

3. Erlebnisse, bei denen sich eine Person so fühlt oder verhält, als würde sich das traumatische Ereignis wiederholen. In extremen Fällen können die Betroffenen von solchen Erlebnissen dermaßen überwältigt werden, dass sie sich ihrer realen Umgebung nicht mehr bewusst sind.

4. Intensive oder lang anhaltende psychische Belastung beim Erleben von Empfindungen, beim Sehen von Orten oder Hören von Dingen, die die Betroffenen an ihre traumatische/n Erfahrung/en erinnern. Das können zum Beispiel laute Geräusche sein, die sich wie Explosionen

im Krieg anhören, oder Nachrichten über Unfälle oder Katastrophen.

5. Deutliche körperliche Reaktionen auf Umstände, die einen Aspekt des/der traumatischen Ereignisses/ Ereignisse, das/die eine Person erlebt hat, symbolisieren oder diesen ähneln. Dazu können eine erhöhte Herzfrequenz, Schweißausbrüche, Übelkeit und andere körperliche Symptome gehören.

C. Eine anhaltende Tendenz, verschiedene Erinnerungen an traumatische Ereignisse zu vermeiden. Dies kann eine oder beide der folgenden Ursachen haben:

1. Betroffene mit PTBS neigen dazu, sich (oft erfolglos) um die Vermeidung von belastenden Erinnerungen, Gedanken oder Gefühlen zu bemühen, die in irgendeiner Weise mit dem/den traumatischen Ereignis/sen verbunden sind.

2. Betroffene mit PTBS neigen dazu, sich um die Vermeidung von Erinnerungen an Personen, Orte, Situationen und andere Umstände zu bemühen, die belastende Erinnerungen an das erlebte Trauma hervorrufen.

D. Negative Veränderungen der Gedanken und der Stimmung im Zusammenhang mit dem/den traumatischen Ereignis/ sen. Diese beginnen oder verschlimmern sich nach dem Stattfinden des/der traumatischen Ereignisse/s, und schließen zwei weitere der folgenden Hürden ein:

1. Schwierigkeiten, sich an einige Details des/der traumatischen Ereignisse/s zu erinnern (obwohl wiederum andere Details sehr lebendig sein können). In diesem Fall wird davon ausgegangen, dass die Denk- und Gedächtnisprobleme nicht durch eine Kopfverletzung, Alkohol oder Drogen oder andere psychologische Beschwerden verursacht wurden.

2. Ständige und übertriebene Überzeugungen und Erwartungen (z.B. „Ich bin ein schlechter Mensch", „Die schlimmen Dinge, die passiert sind, sind meine Schuld", „Man kann den Menschen in der Welt nicht trauen", „Die Welt ist völlig unsicher").

3. Ständige, ungenaue Gedanken über die Ursache und/oder die Folgen des/der traumatischen Ereignisse/s, die dazu führen, dass die Betroffenen sich selbst oder anderen die Schuld geben.

4. Anhaltende Angst, Entsetzen, Wut, Schuld oder Scham.

5. Mangelnder Wunsch, an Aktivitäten teilzunehmen, die früher Spaß gemacht haben. Manchmal kann das zu einem fast vollständigen Zurückziehen von anderen führen.

6. Das fehlende Gefühl der Verbundenheit mit anderen Menschen, einschließlich Freunden und Verwandten.

7. Eine ständige Unfähigkeit, positive Gefühle wie Zufriedenheit oder Liebe zu empfinden.

E. Vermehrte und starke negative Reaktionen, die nach dem Erleben eines oder mehrerer traumatischer Ereignisse einsetzen oder sich verschlimmern. Dazu gehören in der Regel zwei oder mehrere der folgenden Punkte:

1. Schlecht gelauntes Verhalten oder Wutausbrüche (grundlos oder leichtfertig), die sich typischerweise in verbalen oder körperlichen Angriffen auf andere Menschen oder Gegenstände äußern.

2. Rücksichtsloses oder selbstzerstörerisches Verhalten. (Dies gilt insbesondere für Kinder, die an einer PTBS leiden.)

3. Hypervigilanz. (Dies ist ein Zustand erhöhter Wachsamkeit. Betroffene mit PTBS sind äußerst sensibel

für versteckte Gefahren, auch wenn es keine wirklichen Bedrohungen gibt).

4. Erhöhte Schreckhaftigkeit. Betroffene mit einer traumatischen Vorgeschichte neigen dazu, durch unerwartete Geräusche oder Bewegungen aufgeschreckt und verängstigt zu werden.

5. Konzentrationsprobleme. (Viele Betroffene mit schwerer PTBS sind so sehr auf ihre verstörenden Gedanken über ein vergangenes Trauma fixiert, dass sie Schwierigkeiten haben, auf ihre unmittelbare Umgebung im Hier und Jetzt zu achten. Sie bezeichnen diesen Zustand möglicherweise als „Gedächtnisprobleme", aber tatsächlich kann sich die betroffene Person nicht an das erinnern, worauf sie sich nicht konzentrieren konnte).

F. Erhebliche Schlafprobleme, einschließlich Albträumen, die durch schwierige und unerwünschte Gedanken über das Trauma verursacht werden.

G. Die Dauer der oben genannten Beschwerden beträgt mehr als einen Monat. Bei einer Dauer von weniger als einem Monat gilt eine andere Diagnose: die „akute Belastungsstörung".

H. Die Störung führt zu erheblichem Leid und/oder Beschwerden für die Betroffenen in sozialen Situationen am Arbeitsplatz oder bei anderen Aktivitäten im Alltag. Manche Betroffene sind beispielsweise so zurückgezogen und desorientiert, dass sie nicht mehr einkaufen gehen können, sich verirren, wenn sie ihre Wohnung verlassen, und bei den meisten Routinehandlungen auf die Hilfe anderer angewiesen sind.

I. Die zuvor beschriebenen Symptome wurden nicht durch eine Substanz (z.B. Medikamente, Alkohol, Partydrogen) oder Suchterkrankungen verursacht. Manche Betroffene nehmen Drogen, um mit Problemen fertig zu werden. Natürlich kann eine Selbstmedikation mit Drogen oder Alkohol zu weiteren Beschwerden (wie Paranoia) führen. Studien belegen, dass die Kombination von PTBS und Drogenmissbrauch bei Migrantengruppen häufig vorkommt.[63] Damit eine PTBS diagnostiziert werden kann, muss der Drogenmissbrauch (oder eine erhebliche Zunahme des Konsums) jedoch als Reaktion auf ein traumatisches Erlebnis erfolgen.

Es ist wichtig, zu beachten, dass manche Betroffene, die in irgendeiner Form der Selbstverteidigung handeln, selbst eine gewalttätige Handlung begangen haben können. In diesem Fall können sie unter den daraus resultierenden psychologischen Traumata leiden.[64] Kinder, die zum Beispiel zum Militärdienst gezwungen werden, haben möglicherweise das Gefühl, keine Wahl gehabt zu haben.[65] Auch erwachsene Zivilisten können Situationen erlebt haben, in denen sie unter Androhung von Gewalt gewalttätig gehandelt haben, um sich selbst vor Angriffen zu schützen. Kurz gesagt, Traumaerfahrungen bedingen nicht immer eine klare Unterscheidung von „Opfern" und „Tätern". Diese beiden Kategorien können sich überschneiden. Wie bereits erwähnt, können Betroffene, die vor die Wahl gestellt wurden, entweder gegen andere zu kämpfen oder selbst getötet zu werden, vor dieser Situation fliehen und dann von ihren Mitmigranten als Feinde identifiziert werden. Dies führt zu einer komplexen rechtlichen und moralischen Problematik.

PTBS wird zwar durch Erfahrungen im Umfeld verursacht, kann aberkörperliche Veränderungen im Gehirn hervorrufen.[66] Die Art und Weise, wie das einem Trauma ausgesetzte Gehirn automatisch reagiert, wenn es eine Gefahr wahrnimmt, verändert sich tendenziell. Forscher haben beispielsweise untersucht, wie unser Gehirn Bedrohungen erkennt. Bei denjenigen, die ein Trauma erlebt haben, sieht der primitive Teil des Gehirns überall Gefahren, was zu einer dramatischen Sensibilität führen kann. Im Gegensatz dazu neigen Menschen ohne nennenswerte Traumavorgeschichte dazu, die Dinge als kontrollierbar zu interpretieren. Insgesamt verändern traumatische Erfahrungen die Art und Weise, wie wir Gefahren wahrnehmen, wie wir entscheiden, was unsicher genug ist, um eine starke Reaktion zu rechtfertigen, und wie wir auf wahrgenommene Bedrohungen reagieren (sowohl in Bezug auf unsere Handlungen als auch auf unsere körperlichen Empfindungen).

Infolgedessen haben Betroffene mit PTBS Schwierigkeiten, Situationen herauszufiltern, die in der Realität nicht besonders bedrohlich sind. Es entsteht die Gewohnheit, bei unerwarteten Ereignissen automatisch beunruhigt zu sein. Diejenigen, die gefährliche und unvorhersehbare Situationen erlebt haben, erschrecken leicht (z.B. wenn jemand von hinten auf sie zukommt). Wie in den zuvor besprochenen diagnostischen Kriterien für PTBS erwähnt, werden sie oft besonders durch Erinnerungen an vergangene Traumata „getriggert". Dabei handelt es sich nicht unbedingt um eine freiwillige, durchdachte Reaktion, sondern um automatische „Kampf- oder Flucht"-Reaktionen in grundlegenderen Teilen des Gehirns (z.B. in der Amygdala).[67] Kurz gesagt, das Gehirn umgeht die rationale Analyse und geht direkt von einer relativen Ruhe zu einer extremen Angst über, die möglicherweise nicht dem Grad der tatsächlichen Gefahr entspricht. Diejenigen mit solchen Erfahrungen sind in der Regel übermäßig wachsam, da sie die nächste Katastrophe vorhersehen und Wege finden, diese zu verhindern.

Eine weitere häufige Reaktion auf ein Trauma ist Wut. Das US National Center for PTSD[68] beschreibt Wut als den *„Kern der Überlebensreaktion des Menschen"*. In gefährlichen Situationen kann sie uns die nötige Energie geben, um am Leben zu bleiben. Wenn wütende Reaktionen aber zur Gewohnheit werden, verursachen sie offensichtliche Beschwerden im Leben der Betroffenen und ihrem Umfeld.

Es gibt Anzeichen dafür, dass Betroffene auf etwas in ihrer Vergangenheit reagieren, mit dem sie nicht fertig geworden sind. Sie verwenden dabei oft absolute Aussagen, häufig mit den Begriffen *„nie"* und *„immer"*. Kleine Schwierigkeiten werden als äußerst schwerwiegend empfunden. Sie neigen dazu, sich eher als Opfer denn als Überlebende zu sehen.[69] Auf Angst wird regelmäßig mit Ärger und Wut reagiert. Die gute Nachricht ist, dass Studien darauf hindeuten, dass positive Gedanken auch zu einer besseren physischen Gehirnfunktion beitragen können.[70] Mit anderen Worten: Es besteht Hoffnung, dass wir Beschwerden überwinden können, auch in unserem physischen Gehirn.

Dieses Buch wäre unvollständig ohne die Erwähnung der indirekten bzw. sekundären Traumatisierung. Ein solches Trauma bezieht sich auf emotionale Reaktionen von Gesundheitsdienstleistern, Sozialarbeitern, Grenzschutzbeamten, Einwanderungsspezialisten (z.B. Anwälten, Dolmetschern) und anderen, die von den schwierigen Ereignissen erfahren, die die Betroffenen, mit denen sie in Kontakt kommen, erlebt haben. Sicherlich haben viele Gesundheitsdienstleister, vor allem in Krankenhäusern, während der COVID-19-Pandemie ein solches Trauma empfunden, da sie Tag für Tag eine überwältigende Anzahl von kranken und sterbenden Patienten behandelten.[71] Auch diejenigen, die mit Flüchtlingen arbeiten, können ein solches Trauma empfinden, wenn sie von den Folgen durch Krieg, Folter und anderen schrecklichen Erfahrungen hören und diese sehen.[72]

Ein verwandtes Konzept ist die transgenerationale Weitergabe eines Traumas. Dabei handelt es sich um Traumareaktionen, die von denjenigen, die die ursprünglichen Ereignisse unmittelbar erlebt haben, an die nachfolgenden Generationen weitergegeben werden. Kinder können zum Beispiel Traumareaktionen von ihren Eltern „erben". Dazu kann auch gehören, dass man direkt von traumatischen Ereignissen erfährt. Es kann aber auch die Weitergabe dysfunktionaler Methoden umfassen, mit denen Erwachsene versucht haben, das Trauma zu verarbeiten.[73]

Darüber hinaus ist es wichtig, die Zusammenhänge zwischen PTBS und Schädel-Hirn-Traumata (TBI) zu untersuchen. Bei traumatischen Hirnverletzungen handelt es sich um Verletzungen des Gehirns, des Schädels und der Kopfhaut, die die geistige Leistungsfähigkeit einer Person beeinträchtigen.

Über die Prävalenz von TBIs bei Migrantengruppen ist nicht viel bekannt. Man geht jedoch davon aus, dass sie unter Flüchtlingen, die Krieg und anderer Gewalt ausgesetzt waren, beträchtlich ist.[74] Darüber hinaus kann es einen engen Zusammenhang zwischen schwerwiegenden Verletzungen und PTBS geben. Es ist nicht weiter verwunderlich, dass jemand eine PTBS entwickeln kann, nachdem er/sie ein Schädel-Hirn-Trauma erlitten hat. Beide Traumata sind in der Regel mit ähnlichen Symptomen verbunden, z.B. Schlaf-, Konzentrations-, Gedächtnis- und Stimmungsproblemen.[75] Die Beschwerden bei einer traumatischen Hirnverletzung werden komplizierter, wenn zum Zeitpunkt der Verletzung nur wenig (oder gar keine) medizinische Hilfe zur Verfügung steht. Es ist wichtig, dass die Patienten ihre vollständige körperliche Trauma-Anamnese eruieren und angeben, wenn sie medizinische Hilfe in Anspruch nehmen. Auf diese Weise kann die richtige Behandlungsmethode eingeleitet werden.

Im weiteren Verlauf dieses Buches decken wir verschiedene Behandlungsformen für PTBS ab. Zunächst sollte man jedoch einige Dinge beachten. Unserer Erfahrung nach haben Betroffene mit PTBS manchmal Angst davor, sich in Behandlung zu begeben, weil sie befürchten, dass sie die Geschichte ihres Traumas immer und immer wieder erzählen müssen. Es gibt Behandlungen, bei denen dies der Fall ist, aber solche Wiederholungen finden in der Regel in Einrichtungen statt, in denen eine Person genau überwacht werden kann, um schädliche Reaktionen zu vermeiden.

In unserem ambulanten Umfeld verbringen wir viel Zeit damit, über die Zukunft nachzudenken und diese zu planen. Die Behandlung von Traumata umfasst fünf notwendige Komponenten: Die Betroffenen müssen sich sicher fühlen, Strategien zur Regulierung ihrer Emotionen erlernen, soziale Unterstützung erhalten (z.B. durch Freunde und Familie), lernen, ihre Trauma-Erfahrung besser zu verstehen und konstruktive Wege finden, diese Erfahrung, egal wie schlimm sie war, in ihrem jetzigen Leben zu nutzen.[69]

Fallbeispiel von Joachim Reimann:

Hier ein Beispiel eines Patienten, der Angst hatte, seine Geschichte während der Therapie immer wieder erzählen zu müssen:

Vor etwa zehn Jahren arbeitete ich mit einem Patienten, der seine Frau und seine Kinder bei einem Flugzeugunglück verloren hatte. Er lebte zu dieser Zeit in einem südamerikanischen Land. Im Laufe der

Psychotherapie besserten sich seine Symptome, und wir beendeten die Behandlung. Er war gut ausgebildet und bekam schließlich einen guten Beruf in einem anderen Teil Kaliforniens, der über 100 Meilen entfernt war. Im März 2014 erhielt ich dann einen unerwarteten Anruf von ihm. Das war, als Flug 370 der Malaysian Airlines verschwand. Die Berichterstattung über dieses Ereignis war über Wochen hinweg konstant in den Nachrichten. Man konnte den Fernseher nicht einschalten, ohne das neueste Update dazu zu erhalten. Aufgrund der Ähnlichkeit zwischen dieser Katastrophe und seinen eigenen Erfahrungen flammten die Symptome des Mannes wieder auf. Mein erster Gedanke war, dass der Mann angesichts der Entfernung zu seinem jetzigen Wohnort einen Psychologen bei ihm vor Ort aufsuchen sollte, der ihm helfen könnte. Aber er wollte das nicht, weil ich seine Traumageschichte bereits kannte und er diese nicht mit einem anderen Therapeuten erneut durchsprechen wollte.

Die Geschichte nahm ein gutes Ende: Dieser Patient hat sein Trauma letztendlich sehr gut verarbeiten können. Aber seine Reaktion ist ein nützliches Beispiel dafür, wie ein aktuelles, vergleichbares Unglück bei traumatisierten Menschen schlimme Erinnerungen wachrufen kann.

Eine letzte Anmerkung: Im Laufe unserer Tätigkeit haben wir Betroffene kennengelernt, die auf den ersten Blick einfach nur wütend zu sein schienen, die selbst auf kleinere Beschwerden mit Wut reagierten und erhebliche Charakterschwächen zu haben schienen. Sie können manchmal eine Vielzahl von

Diagnosen vorweisen, die von anderen Ärzten gestellt wurden. Aber wenn wir ihre Geschichte vollständig ergründen, stellt sich heraus, dass sie ein schwerwiegendes psychisches Trauma erlebt haben. Wie bereits beschrieben, sind diejenigen, die vor Krieg, Verbrechen und anderen lebensbedrohlichen Ereignissen in ihrem Herkunftsland (sowie auf ihren Reisen) fliehen, oft traumatischen Ereignissen ausgesetzt, was bei einigen Migrantengruppen eine wichtige Rolle spielt. Als Psychologen, die sich mit PTBS bei Migranten auskennen, ist es unsere Aufgabe, über Wut und emotionale Beschwerden hinaus auf die zugrunde liegenden Faktoren wie Traumata zu schauen, die zu Reaktivität führen können.

3

ALLGEMEINE PSYCHISCHE DIAGNOSEN

Bislang haben wir uns auf die Herausforderungen konzentriert, die Migranten aufgrund von Traumata erleben können. Aber genau wie die restliche Bevölkerung sind auch sie nicht vor anderen Schwierigkeiten gefeit. Im Folgenden erläutern wir einige Beispiele. Dies deckt nicht das gesamte Spektrum der bekannten psychiatrischen Störungen ab. Vielmehr konzentrieren wir uns auf einige, die für Migranten von Bedeutung sind.

Eine umfangreiche Kategorie sind Angstzustände. In den verschiedenen Kulturen gibt es unterschiedliche Bezeichnungen für Angst und ihre Auswirkungen. In den spanischen Sprachkulturen gehört dazu *ataque de nervios (ataque de nervos* auf Portugiesisch). Der Begriff lässt sich grob mit „Nervenanfall" übersetzen und wurde erstmals in der überarbeiteten 4. Auflage des Diagnostic and Statistical Manual of Mental Disorders (DSM-IV-TR)[76] als kulturgebundenes Syndrom aufgeführt. Gesundheitsdienstleister müssen also wissen, wie bestimmte Symptome bei Migranten auftreten, und Migranten können davon profitieren, wenn sie erfahren, wie psychische Schwierigkeiten in ihrem neuen Land beschrieben werden. Dadurch erhöht sich die Wahrscheinlichkeit, dass beide einen gemeinsamen Bezugsrahmen haben.

Zu den anderen psychischen Erkrankungen gehören verschiedene Arten von Depressionen, psychotische Störungen, Persönlichkeitsstörungen, Essstörungen und substanzbezogene Störungen. Da wir uns auf Erkrankungen konzentrieren, die für Migrantengruppen von besonderer Bedeutung sind, gehen wir von zwei Hauptüberlegungen aus: Erstens wird untersucht, wie häufig – sofern bekannt – die Erkrankungen bei Migrantengruppen auftreten bzw. nicht auftreten. Zweitens ist es wichtig zu verstehen, dass die Art und Weise, wie sich die Erkrankungen bei den Betroffenen manifestieren, von Kulturkreis zu Kulturkreis unterschiedlich ist. Ein solches Verständnis verringert das Risiko auf Fehldiagnosen.

ANGSTZUSTÄNDE

Viele Menschen haben bereits eigene Erfahrungen mit Ängsten gemacht. Häufige Symptome sind Nervosität, Unruhe, Sorgen, Panik und Schlafprobleme. Es gibt auch körperliche Symptome, die, wenn sie nicht durch eine medizinische Erkrankung verursacht werden, mit Angstzuständen in Verbindung gebracht werden können. Zum Beispiel kann das Herz schneller schlagen und die Betroffenen können das Gefühl haben, dass sie hyperventilieren. Sie können auch schwitzen, zittern und Magenprobleme haben. Manche geraten in Panik (daher der Name „Panikattacke") und glauben, dass diese Symptome auf einen Herzinfarkt hindeuten. Natürlich verstärken solche Ängste die Symptome nur noch mehr.

Ein gewisses kurzfristiges Gefühl der Furcht oder Angst kann nützlich sein. In gefährlichen und lebensbedrohlichen Situationen reagiert der Körper mit einem Anstieg der Herzfrequenz, des Blutdrucks und der Atmung. Der Körper ergreift auch andere Maßnahmen, um die Überlebenschancen verbessern. Aber nachdem eine tatsächliche Bedrohung vorüber ist, sollte es nur etwa 20 bis 60 Minuten dauern, bis sich der Körper wieder normalisiert hat.

Angstzustände werden jedoch zu einer Art „Störung" bzw. krankhaft, wenn sie über alltägliche Sorgen hinausgehen, die die meisten von uns haben. Wenn die Angstsymptome schwerwiegender sind, viel stärker sind, als es die aktuelle Situation erfordert, und häufiger auftreten, werden sie lähmend.

Problematische Angstzustände kommen recht häufig vor. Etwa 34 % der Weltbevölkerung erlebt irgendwann einmal derartige Beschwerden.[77] Dieser Prozentsatz ist möglicherweise noch zu niedrig eingeschätzt, da einige Angstbeschwerden nicht gemeldet werden.

Im Großen und Ganzen leiden neu angekommene Migranten genauso häufig oder selten unter Angststörungen als ihre Mitbürger in ihrem Gastland.[78] Dies gilt jedoch nicht unbedingt für diejenigen, die in ihrem Herkunftsland und/oder auf dem Weg in ihr Gastland Stress und Traumata erlebt haben. Darüber hinaus kann der mit der Akkulturation einhergehende Stress eine Rolle spielen, sobald die Betroffenen in ihrer neuen Wahlheimat leben. Migranten, die über ein starkes familiäres und gemeinschaftliches Unterstützungssystem verfügen oder ein solches aufbauen, sind in der Regel weniger ängstlich als diejenigen, die nicht über ein solches Netzwerk verfügen. Einige Studien unter syrischen Flüchtlingen haben die Prävalenz von Angstzuständen in dieser Bevölkerungsgruppe mit 31,8 % beziffert.[49]

Es gibt verschiedene Angststörungen, von denen wir im Folgenden einige vorstellen.

Die **generalisierte Angststörung** (GAD) ist eine Erkrankung, bei der sich die Betroffenen nicht nur wegen einiger weniger belastender Umstände Sorgen machen, sondern fast ständig wegen vieler Dinge Angst haben. Wegen dieser ständigen Angst sind sie müde und erschöpft. Es fällt ihnen schwer, ihre Sorgen zu kontrollieren. Die ständige, diffuse Angst lenkt sie davon ab, über Pläne und Herangehensweisen nachzudenken, die ihre Probleme lösen könnten. Sie werden unruhig und reizbar, haben Konzentrationsschwierigkeiten und schlafen nicht gut. Diese Symptome beeinträchtigen ihre Fähigkeit, in sozialen Situationen, am Arbeitsplatz und bei anderen Aktivitäten zu funktionieren.

Panikstörung mit Agoraphobie. Betroffene mit Panikstörungen neigen zu „Panikattacken", die eine Reihe von Symptomen wie Herzklopfen, Schmerzen in der Brust, Atemnot, Schweißausbrüche und manchmal auch Übelkeit und Schwindelgefühl mit sich bringen.

Da sich diese Symptome wie ein Herzinfarkt anfühlen können, macht diese Erfahrung Angst. Das wird wiederum zu einem Teufelskreis, denn die Paniksymptome verstärken die Angst, was wiederum die Paniksymptome verstärkt.

Abgesehen von den Panikattacken selbst haben die Betroffenen auch andere Beschwerden. Sie machen sich ständig Sorgen, einen weiteren Anfall zu erleiden, was wiederum Ängste hervorruft. Die Betroffenen meiden alle Orte und Umstände, von denen sie glauben, dass sie eine weitere Attacke auslösen könnten.[9] Das bedeutet oft, dass sie den Besuch von Geschäften meiden, kein Auto fahren, nicht über eine Brücke gehen oder sich von Menschenmengen fernhalten. Dies wird als „Agoraphobie" bezeichnet. Der Begriff stammt aus dem Griechischen und setzt sich aus den Wörtern agorá (Marktplatz) und phobía (Furcht) zusammen. In manchen Fällen ist die Sorge vor einem weiteren

Angriff so groß, dass die Betroffenen das Gefühl haben, es sei nicht sicher, ihre Wohnung zu verlassen.

Als Gruppe scheinen Migranten kein höheres Risiko für die Entwicklung einer Agoraphobie zu haben. In einer Studie in den USA wurde beispielsweise kein wesentlicher Unterschied zwischen mexikanischen Migranten und ihren Mitbürgern in ihrer neuen Wahlheimat festgestellt.[79] Tatsächlich belegte eine skandinavische Studie, dass ethnische Norweger eher unter Agoraphobie litten als Patienten mit Migrationshintergrund, die keine Flüchtlinge waren. Während es unter Flüchtlingen höhere Prozentsätze von Betroffenen mit PTBS und Depressionen gibt, ist dies bei Agoraphobie nicht der Fall.[80]

Zwangsstörung (Obsessive Compulsive Disorder, OCD). Betroffene, die an einer Zwangsstörung leiden, haben ständig unerwünschte Gedanken, Impulse und Empfindungen, die sie glauben lassen, dass sie bestimmte Verhaltensweisen viele Male wiederholen müssen, um sich weniger ängstlich zu fühlen. Einige Beispiele für OCD-Verhalten sind zwanghaftes Händewaschen oder das Kontrollieren von Türschlössern. Manche Betroffene entwickeln Rituale, bei denen sie eine bestimmte Anzahl von Kontrollen durchführen müssen. Manche haben unrealistische Ängste vor Verunreinigungen durch Keime oder Schmutz. Andere machen sich übermäßig viele Gedanken über das Positionieren von Messer, Gabel und Löffel auf dem Esstisch, das Positionieren von Stiften oder Unterlagen auf dem Schreibtisch und andere Dinge, die, wenn sie nicht perfekt angeordnet sind, keinen realen Unterschied machen. Sie schauen immer wieder nach diesen Dingen, um sicherzustellen, dass sie „richtig" liegen. Dieses Verhalten wird als „Kontrollzwang" bezeichnet.

Viele Menschen, die nicht an einer Zwangsstörung leiden, können ebenfalls beunruhigende Gedanken oder die Wiederholung bestimmter Handlungen erleben. Der Unterschied zwischen denjenigen mit und denjenigen ohne Zwangsstörung ist davon abhängig, ob die Ängste und das Kontrollieren zu erheblichen Beschwerden im Alltag führen. Manche Betroffene mit einer Zwangsstörung glauben, dass ihre Kontrollhandlungen absolut notwendig sind. Andere wissen, dass diese Verhaltensweisen problematisch sind, haben aber Schwierigkeiten, damit aufzuhören. Sie versuchen z.B., die problematischen Gedanken zu ignorieren, aber ohne Erfolg.[11]

Zwar ist keine Bevölkerungsgruppe immun gegen Zwangsstörungen, dennoch haben Studien die Störung nicht mit Traumata oder anderen Lebenserfahrungen in Verbindung bringen können, die bei Migranten häufig vorkommen.[81]

DEPRESSION UND BIPOLARE STÖRUNGEN

Die meisten Menschen kennen einige der emotionalen Zustände, die Teil einer Depression sind. Sie haben in ihrem Leben vielleicht schon einmal Traurigkeit erlebt. Eine klinische Depression ist jedoch schwerwiegender als der vorübergehende Kummer, den wir manchmal empfinden, wenn wir schlechte Erfahrungen machen. Zu dieser Art von Depression gehören häufige Weinkrämpfe, Hilflosigkeit und ein Gefühl der Hoffnungslosigkeit, insbesondere in Bezug auf die Zukunft. Betroffene können das Gefühl haben, dass Dinge und Aktivitäten, die sie früher gerne gemacht haben, einfach keinen Spaß mehr machen und dass sie irgendwie bestraft werden. Sie haben oft Probleme, sich zu konzentrieren und zu schlafen. Manche nehmen auch erheblich an Gewicht zu oder ab, weil sie anfangen, weniger oder mehr zu essen als in der Vergangenheit. In schwereren Fällen können Betroffene, die unter schweren Depressionen leiden, an Selbstmord denken. Es gibt verschiedene Arten von Depressionen. Dieser Abschnitt gibt einen grundlegenden Überblick über diese Varianten und darüber, wie sie sich auf einige Migranten auswirken.

Wie auch bei anderen emotionalen Symptomen tendieren Migranten, die in ihrem Leben besonders schwerwiegende Erfahrungen wie Armut und Gewalt gemacht haben, eher zu Depressionen. Ein wissenschaftlicher Artikel, der 25 frühere Studien analysierte, stellte beispielsweise fest, dass 15,6 % der Migranten aus diversen Ländern an einer Form von Depression litten. Diejenigen, die nicht erwerbstätig waren und ein geringeres Bildungsniveau aufwiesen, waren tendenziell stärker gefährdet an einer Depression zu erkranken.[82] Eine andere Studie aus Schweden ergab, dass von den syrischen Flüchtlingen, die dorthin umgesiedelt worden waren, 40,2 % klinisch depressiv waren.[49]

Wobei diese Tendenz jedoch nicht für alle Migrantengruppen gleichermaßen gilt. Untersuchungen von Szaflarski und Kollegen[83] belegten, dass Migranten im Allgemeinen eine geringere Depressionsrate aufweisen als die einheimischen Mitbürger in ihrem Gastland. Insgesamt hat ihre Forschung ergeben, dass im Laufe ihres Lebens 15,2 % der gesamten Bevölkerung eine wiederkehrende Form von Depression erlebt haben.[84]

Schwere Depression. Depressionen werden zwar häufig durch schlechte Erfahrungen ausgelöst, können aber auch ohne erkennbaren Grund auftreten. Das liegt daran, dass Depressionen biologische Ursachen haben können.

Eine häufige Diagnose ist die schwere depressive Störung. Zu den formalen Diagnosekriterien gehören eine nahezu konstante depressive Stimmung, Traurigkeit, Verlust des Interesses oder der Freude an Aktivitäten, die früher Spaß gemacht haben, Weinkrämpfe, starke Müdigkeit, Schlafprobleme, das

Gefühl der Hilflosigkeit, Hoffnungslosigkeit und Wertlosigkeit, Konzentrationsprobleme und Veränderungen des Appetits. Es ist die Art von Stimmung, bei der man am liebsten im Bett bleiben und den Kopf unter die Decke stecken möchte und daran zweifelt, dass es einem jemals besser gehen wird. Schwere Depressionen beeinträchtigen in der Regel die Fähigkeit einer Person, grundlegende Aufgaben im Haushalt zu erledigen. Schon das Duschen kann dann als zu viel erscheinen. Selbstmord- bzw. Suizidgedanken sind bei extrem schwermütigen Menschen keine Seltenheit.

Dysthymie. In einigen Fällen sind die Symptome, die bei Depressionen auftreten, nicht ganz so schwerwiegend. Aber sie verschwinden nicht einfach so im Laufe der Jahre. Die Betroffenen sind möglicherweise in der Lage, grundlegende Tätigkeiten auszuführen. Aber die Dysthymie wird beschrieben als das Gefühl, sich mit Bleigewichten an den Füßen zu bewegen. Manchmal können Betroffene ihre Ziele trotzdem erreichen. Aber der Aufwand kostet viel Zeit und Energie. Dies kann dazu führen, dass die Wahrscheinlichkeit des Scheiterns bei alltäglichen Aktivitäten steigt und das Selbstvertrauen abnimmt.[9]

Bipolare Störung. Bei dieser Erkrankung, die auch als „manisch-depressive Störung" bezeichnet wird, kommt es zu den oben beschriebenen Symptomen einer schweren Depression. Aber es gibt auch Zeiten, in denen die Betroffenen viel Energie haben, übermäßig aufgekratzt sind, sich zu allen möglichen Aktivitäten hinreißen lassen und sich unbesiegbar fühlen. Das mag nach viel Lebensfreude aussehen, aber die Betroffenen spüren so viel Energie, dass sie sich unweigerlich in Schwierigkeiten bringen. Sie geben beispielsweise viel Geld für Dinge aus, die sie nicht brauchen, oder tätigen Fehlinvestitionen. Sie spielen Glücksspiele und wissen nicht, wann es an der Zeit ist, aufzuhören. Sie bleiben die ganze Nacht auf. Sie haben riskanten Sex mit mehreren Partnern. Sie fahren auf gefährliche Weise Auto oder Motorrad. Oder sie werden reizbar und wütend und bringen sich selbst in Schwierigkeiten mit dem Gesetz.[11]

Betroffene mit einer bipolaren Störung wechseln für gewöhnlich auf vielfältige Weise zwischen Depression und Manie hin und her. Bei manchen wechseln die „up"- und „down"-Phasen sehr schnell. Andere können wiederum kurzfristig depressiv sein und dann über längere Zeiträume eine Manie erleben.

In den schwerwiegendsten Fällen können Betroffene mit dieser Form von Depression psychotische Symptome entwickeln. Dazu gehört, dass sie paranoid werden und Dinge hören oder sehen, die nicht real sind. Auf psychotische Symptome wird weiter unten noch näher eingegangen.

Studien belegen glücklicherweise, dass Migrantengruppen kein größeres Risiko haben, eine bipolare Störung zu entwickeln als ihre einheimischen Mitbürger in ihrer neuen Wahlheimat.[85]

PSYCHOTISCHE STÖRUNGEN

Wenn Menschen befürchten, als „verrückt" abgestempelt zu werden, verbinden sie das Wort oft mit psychotischen Symptomen. Dazu gehören in der Regel Halluzinationen (Sehen, Hören oder Fühlen von Dingen, die in Wirklichkeit nicht da sind) und Wahnvorstellungen einschließlich Paranoia (z.B. der Glaube, dass andere darauf aus sind, ihnen zu schaden, obwohl das nicht der Fall ist). Betroffene mit einer Psychose haben Schwierigkeiten, sich im Gespräch mit anderen klar auszudrücken, und springen manchmal von einem Thema zum anderen, ohne dass das einen Sinn ergibt. Sie scheinen das Verständnis für die Welt um sie herum verloren zu haben und haben seltsame Fantasien, die sie für real halten. Manche Betroffene mit einer Psychose ziehen sich von anderen zurück und zeigen keine Gefühle. Studien haben gezeigt, dass Betroffene, die im gleichen Heimatland geboren wurden, in den Psychosen bemerkenswert ähnliche Symptome aufweisen, unabhängig davon, in welchem Land sie zum Zeitpunkt der Psychose leben.[86]

Psychotische Symptome werden häufig mit Schizophrenie in Verbindung gebracht. Diese Störung scheint sich aufgrund von physischen Beschwerden im Gehirn zu entwickeln. Es handelt sich also um eine körperliche Krankheit mit zum Teil psychischen Anzeichen. Sie hat eine genetische Komponente und kann daher in einer Familie von Generation zu Generation weitergegeben werden. Aber wenn ein Familienmitglied an Schizophrenie erkrankt ist, bedeutet das nicht, dass jeder in der Familie auch daran erkrankt.

Wichtig ist, dass Schizophrenie nicht die einzige Erkrankung mit psychotischen Symptomen ist. Die gleichen Symptome können auch bei Betroffenen auftreten, die an einer extremen Depression leiden, Hirnverletzungen erlitten haben, an Demenz leiden, Schilddrüsenbeschwerden aufweisen, ein traumatisches Erlebnis hatten, negativ auf Medikamente reagieren oder an anderen Krankheiten leiden. Um festzustellen, woher die Psychose bei einem Betroffenen herrührt, bedarf es einer sorgfältigen Analyse durch eine ausgebildete und approbierte Fachkraft.

Studien belegen, dass psychotische Symptome bei Flüchtlingen, die vor Gewalt und Verfolgung fliehen, tendenziell häufiger auftreten als bei anderen Migranten oder der Allgemeinbevölkerung.[87] In Schweden stellte man fest, dass alle Arten von psychotischen Störungen bei Migranten und ihren Kindern häufiger vorkommen als bei alteingesessenen Schweden. Das Risiko, eine solche Störung zu entwickeln, war bei Migranten aus Afrika am größten.[85] Andere schwedische Studien zeigten, dass Flüchtlinge, die die Asylvoraussetzungen erfüllen, ein um 66 % höheres Risiko auf Erkrankung an Schizophrenie oder anderen psychotischen Störungen haben als Migranten, die keine Flüchtlinge sind. Sie hatten auch ein 3,6-mal höheres Risiko, eine psychotische Störung zu entwickeln als die einheimische schwedische Bevölkerung.[88]

Diese Tendenzen wurden in mehreren weiteren Ländern beobachtet.[89] Insgesamt ist die Wahrscheinlichkeit, dass Migranten aus der Karibik, Afrika, Asien und dem Nahen Osten an Schizophrenie erkranken, dreimal so hoch wie bei der einheimischen Bevölkerung im jeweiligen Gastland.[90,91] Kurz gesagt: Migrantengruppen aus verschiedenen Teilen der Welt weisen tendenziell höhere Raten an Psychosen auf als andere Einwohnergruppen.[92]

Wie kann dies der Fall sein, wo doch Psychosen häufig vererbt werden? Es heißt: „Die Gene legen das Potenzial für eine Psychose fest, aber die Umwelt sorgt dafür, dass sie auftritt." Mit anderen Worten: Diejenigen mit einer vererbten Anfälligkeit für Psychosen, die dann in besonders belastende Situationen geraten, entwickeln die Störung am ehesten. Besonders anfällig sind Menschen, die durch Krieg oder Verbrechen ein Trauma erlitten haben, die eine Kopfverletzung davongetragen haben und die sich in großer emotionaler Bedrängnis befinden. Die bereits erwähnten sozialen Stressoren, einschließlich Akkulturationsschwierigkeiten und Diskriminierungserfahrungen, verschärfen den sogenannten Distress.[93]

Eine Psychose kann sich zu vielen Zeitpunkten im Leben eines Menschen entwickeln. Jugendliche und junge Erwachsene sind jedoch am meisten gefährdet, möglicherweise aufgrund der noch nicht abgeschlossenen Entwicklung ihres Gehirns zu diesem Zeitpunkt.

Es mag überraschen, dass eine Studie in 10 Ländern zu dem Ergebnis kam, dass in weniger entwickelten Ländern lebende Betroffene mit Psychosen tendenziell eine bessere Lebensqualität haben als Betroffene aus stärker industrialisierten Ländern.[86] Von den untersuchten Ländern schnitten die Menschen in Indien und Nigeria im Allgemeinen am besten ab. Wir verstehen noch nicht ganz, warum das so ist. In Indien könnte es jedoch mit der Interpretation von Symptomen und einer Kultur zu tun haben, die die Bedeutung einer starken und gegenseitigen Unterstützung unter den Familienmitgliedern betont. Anbieter von psychiatrischen Diensten genießen in Indien zudem ein hohes Ansehen, sodass ihre Patienten eher bereit sind, den Behandlungsempfehlungen zu befolgen.[94]

Es ist nicht weiter verwunderlich, dass Betroffene, die seltsame Erfahrungen machen, sich Sorgen machen, dass sie „verrückt werden". Sie hören oder sehen vielleicht Dinge, die sie nicht erklären können. Aber nicht alle diese Vorfälle sind auf eine Psychose zurückzuführen. Wir wissen von einem Patienten in unserer Praxis, der anfing, seltsame, dumpfe Geräusche zu hören. Diese Geräusche schienen nicht mit ihm zu sprechen und waren für eine Psychose unerwartet. Natürlich war die Person besorgt über das, was mit ihm geschah. Nachdem wir das Problem eingehend analysiert hatten, schickten wir ihn zu einem Test zur Überprüfung seiner Ohren. Mit einem Hörgerät konnten die seltsamen Geräusche schließlich behoben werden. Dies schloss nicht aus, dass er andere psychische Beschwerden hatte. Aber zumindest wurde auf diese Weise ein Problem gelöst.

PERSÖNLICHKEITSSTÖRUNGEN

In unserem Buch *Immigrant Konzepte: Lebenswege zur Integration* beschreiben wir einige Bedingungen, durch die die Art und Weise, wie eine Person in der Welt interagiert, problematisch werden kann, was zu weiteren Schwierigkeiten für sie und die ihr nahestehenden Menschen führt. Persönlichkeitsstörungen können bestehende Schwierigkeiten für Migranten verursachen oder verstärken.

Die formalen Beschreibungen von Persönlichkeitsstörungen definieren sie als langfristige, tief verwurzelte und ungesunde Denk- und Handlungsweisen. Betroffene mit Persönlichkeitsstörungen sind oft impulsiv und regen sich schnell auf. Diese Gewohnheiten erschweren die Entwicklung erfolgreicher Beziehungen zu anderen. Sie verursachen Probleme bei Beziehungen, sozialen Aktivitäten, bei der Arbeit und in der Schule. Persönlichkeitsstörungen beginnen im Allgemeinen in der Jugend und im frühen Erwachsenenalter. Es ist wichtig, darauf hinzuweisen, dass einige der Verhaltensweisen von Betroffenen mit einer Persönlichkeitsstörung als ziemlich normal angesehen werden können. Darüber hinaus variiert die Art und Weise des Gefühlsausdrucks je nach kulturellen Normen. Was Betroffene einer Persönlichkeitsstörung von anderen unterscheidet, ist 1) das Ausmaß, in dem sie dysfunktionale Einstellungen und Verhaltensweisen annehmen, wenn sie versuchen, mit der Welt zurechtzukommen, und 2) dass ihre Symptome beginnen, ihnen Probleme zu bereiten.

Die Betroffenen sind sich oft nicht bewusst, dass sie eine Persönlichkeitsstörung haben. Ihre Art zu denken und zu handeln, erscheint ihnen völlig normal. Folglich neigen sie dazu, anderen die Schuld für ihre Probleme zu geben. Sie sind impulsiv und regen sich leicht auf, wenn die Dinge nicht so laufen, wie sie wollen. Betroffene mit Persönlichkeitsstörungen, die auch eine andere psychische Diagnose haben, fühlen sich häufig emotional labil und nehmen Notdienste, einschließlich psychiatrischer Klinikaufenthalte, häufiger in Anspruch als andere Bevölkerungsgruppen.[95]

Sind Persönlichkeitsstörungen ein spezifisches Problem von Migranten? Einigen Studien zufolge ist dies unwahrscheinlich. So ergab eine Studie in den USA, dass bei Migranten der ersten Generation die Wahrscheinlichkeit, dass eine Persönlichkeitsstörung diagnostiziert wird, geringer ist als bei einheimischen Amerikanern.[96] Zu ähnlichen Ergebnissen kam man auch in Europa.[97] Dennoch halten wir es für wichtig, auf die Schwierigkeiten hinzuweisen, mit denen Migranten mit Persönlichkeitsstörungen zu kämpfen haben, da solche Störungen in der Regel nicht nur für sie selbst, sondern auch für ihre Freunde, Familienangehörigen und andere Personen in ihrem Umfeld erhebliche Probleme verursachen.

Darüber hinaus zeigt unsere klinische Erfahrung, dass manche Betroffene mit einer diagnostizierten Persönlichkeitsstörung in Wirklichkeit unter einem Trauma leiden, dessen Symptome scheinbar auf die Persönlichkeit zurückzuführen sind, obwohl das nicht die eigentliche Erklärung für ihre Beschwerden ist.

Es gibt viele verschiedene Arten von Persönlichkeitsstörungen, von denen sieben Grundtypen im Folgenden kurz beschrieben werden. Wir erörtern auch alle Tendenzen bei Migrantengruppen, die mit diesen Störungen verbunden sein könnten.

Die **paranoide Persönlichkeitsstörung** ist durch ständiges Misstrauen oder Argwohn gegenüber anderen gekennzeichnet. Betroffene mit dieser Störung nehmen andere in ihrer Umgebung als böse wahr, die darauf aus seien, sie zu betrügen, zu hintergehen, zu täuschen oder ihnen anderweitig zu schaden, obwohl es keine Beweise dafür gibt, dass dies der Wahrheit entspricht. Sogar Freunde und Familienmitglieder erscheinen den von einer paranoiden Persönlichkeitsstörung Betroffenen verdächtig. Betroffene neigen dazu, von ihren Verdächtigungen besessen zu sein und ständig damit zu rechnen, dass sie ausgenutzt werden. Selbst alltägliche Kommentare und Ereignisse werden als bedrohlich empfunden. Dies schränkt ihre Fähigkeit ein, Freunden, Familienmitgliedern und Fachleuten zu vertrauen und sich Hilfe zu suchen.[11]

Es ist zu beachten, dass eine Paranoia auch Teil anderer psychischer Störungen sein kann. Und natürlich gibt es tatsächlich Zeiten, in denen Menschen einem anderen auf irgendeine Weise schaden wollen, daher immer daran denken: *„Es ist nur Paranoia, wenn es nicht wahr ist."*

Es gibt nur sehr wenige Informationen über Zusammenhänge zwischen paranoiden Persönlichkeitsstörungen und Migrantengruppen. Es ist jedoch wichtig zu erwähnen, dass die schwerwiegende Traumavergangenheit, mit der einige Migrantengruppen konfrontiert sind, dazu führen kann, dass sie zurückhaltender oder defensiver sind. Vorurteile, mit denen sie in ihrer Wahlheimat konfrontiert werden, können diese Gefühle des Misstrauens verstärken, die manchmal fälschlicherweise als paranoide Persönlichkeitsstörung interpretiert werden.[98] Eine frühe europäische Studie zu diesem Thema zeigt, dass paranoide Reaktionen unter Arbeitsmigranten als „typisch" galten. Es ist jedoch nicht klar, ob bei der Verwendung dieses

Begriffs damals ein Trauma und/oder eine Diskriminierung berücksichtigt wurde.

Die **schizoide Persönlichkeitsstörung** zeichnet sich durch einen anhaltenden Mangel des Bedürfnisses aus, enge Beziehungen zu anderen zu unterhalten. Betroffene mit dieser Störung sind in der Regel Einzelgänger und empfinden keine Freude oder Trost in sozialen Beziehungen. Sie haben, wenn überhaupt, nur wenige Freunde, kümmern sich nicht um Lob oder Kritik und wirken gefühlskalt und desinteressiert. Dadurch sind sie vom Trost und der Unterstützung von Freunden und Familienmitgliedern abgeschnitten, von denen die meisten anderen Hilfe bekommen.[11] Der Autor John Robert Chaney[99], der nach eigenen Angaben versucht, mit einer schizoiden Persönlichkeitsstörung fertig zu werden, stellt fest, dass Betroffene versuchen, ihre Fantasiewelt als Mittel zur Bewältigung einzusetzen. Aber diese Strategie funktioniert nicht.

Die **antisoziale Persönlichkeitsstörung** ist durch eine Lebensweise gekennzeichnet, die gleichgültig gegenüber den Rechten anderer ist und diese häufig verletzt. Betroffene mit dieser Störung neigen zur Täuschung. Sie streben nach persönlichem Gewinn, ohne Rücksicht auf andere, und ihnen ist ihr Verhalten gleichgültig. Sie begehen häufig Straftaten, sind impulsiv und rücksichtslos, und sie können gefährlich sein. Mit anderen Worten: Wenn es eine grundlegende kriminelle Persönlichkeit gibt, wäre es diese. Es handelt sich hierbei um die einzige Persönlichkeitsstörung, die erst im Erwachsenenalter (ab 18 Jahren) diagnostiziert werden kann. Die Merkmale einer antisozialen Persönlichkeitsstörung sind sehr wahrscheinlich schon lange vor diesem Alter erkennbar. Im Jugendalter wird sie jedoch noch als „Verhaltensstörung"[11] bezeichnet

Man könnte annehmen, dass Terroristen per Definition eine antisoziale Persönlichkeit haben. In der Tat wurde argumentiert, dass es gewisse Überschneidungen zwischen diesen beiden Umständen gibt.[100] Viele terroristische Gruppen engagieren sich jedoch für eine Sache, die in ihren Augen größer ist als sie selbst.[101] Egal wie falsch diese Ansichten sind, sie entsprechen nicht den völlig egozentrischen Merkmalen einer antisozialen Persönlichkeitsstörung. In jedem Fall werden vertriebene Migranten und Flüchtlinge am ehesten vor solchen Personen fliehen, statt sich ihrer Ideologie anzuschließen. Daher wurde eine antisoziale Persönlichkeitsstörung unter Migranten nicht besonders häufig festgestellt. Es ist jedoch durchaus möglich, dass einige Personen, die ruchlosen kriminellen oder terroristischen Gruppen angehören, die Einreise in ein neues Land anstreben, um dort Verbrechen zu begehen und das Aktionsgebiet ihrer Organisationen auszuweiten. Wir müssen diese Möglichkeit weiterhin in Betracht ziehen.

Die **Borderline-Persönlichkeitsstörung** geht in der Regel mit erheblichen Problemen bei persönlichen Beziehungen einher. Betroffene mit dieser Störung sind oft sehr impulsiv und haben Angst, verlassen zu werden. Auf den ersten Blick können sie lebenslustig, attraktiv und aufregend wirken. Aber ihre Beziehungen sind unbeständig. Darüber hinaus kann ihre Meinung schnell von einem Extrem ins andere umschlagen. In der einen Minute ist alles wunderbar, in der nächsten alles furchtbar. Betroffene mit einer Borderline-Persönlichkeitsstörung neigen dazu, sich leicht aufzuregen und wütend zu werden. Impulsivität und emotionale Instabilität können auch zu rücksichtslosem Verhalten führen, wie z.B. viel Geld für eigentlich nicht notwendige Dinge auszugeben, ungeschützter Sex, Drogenmissbrauch, rücksichtsloses Fahrverhalten, Fressattacken, Selbstmorddrohungen und selbstverletzendes Verhalten, wie z.B. sich zu ritzen.[11]

Die Forschungsergebnisse zur Borderline-Persönlichkeitsstörung bei verschiedenen Migranten und ethnischen Gruppen sind gemischt. Eine Studie belegte höhere Prävalenzraten für dieses Problem bei Latinos/-as im Vergleich zu Weißen und Schwarzen, die psychotherapeutische Hilfe in Anspruch nahmen.[102] Insgesamt haben Studien jedoch nicht aufzeigen können, dass Migranten im Vergleich zu Einheimischen ein höheres Risiko haben, eine Borderline-Persönlichkeitsstörung zu entwickeln.[103] Es kann sogar sein, dass diese Erkrankung bei ihnen seltener diagnostiziert wird als bei der einheimischen Bevölkerung.[104] Ein anderer Forscher vertrat die Ansicht, dass vielleicht kulturelle Normen im Herkunftsland der Migranten Borderline-Züge unterdrücken – soziale Normen hingegen sind klarer definiert und werden besser eingehalten. In einer neuen Kultur mit anderen Regeln werden die Borderline-Züge dann aber wahrscheinlich zutage treten.[105]

In unserer Praxis haben wir Betroffene gehabt, die auf den ersten Blick Borderline-Züge zu haben schienen. Bei näherer Betrachtung wurde jedoch deutlich, dass emotionale und soziale Instabilität, Wut und Rücksichtslosigkeit vor allem eng mit vergangenen Traumata verbunden sind. Was also wie eine Borderline-Persönlichkeitsstörung aussieht, ist in Wirklichkeit eine PTBS.

Bei der **histrionischen Persönlichkeitsstörung** handelt es sich um ein langfristiges Muster von übermäßiger Emotionalität und einem stark ausgeprägtem Bedürfnis nach Aufmerksamkeit. Personen mit dieser Störung wollen im Mittelpunkt stehen und werden sehr wütend, wenn sie sich ignoriert fühlen. Um Aufmerksamkeit zu erregen, können sie sexuell verführerisch und provokativ sein. Die körperliche Erscheinung wird extrem wichtig, und die Art und Weise, wie eine histrionische Person spricht, ist übermäßig dramatisch mit übertriebenen Emotionen.[11]

Es scheint keine Studien zu geben, die sich dem Zusammenhang zwischen histrionischer Persönlichkeitsstörung und Migranten widmen. Es sei jedoch darauf hingewiesen, dass die akzeptable und sogar erwartete emotionale Ausdrucksform von Kultur zu Kultur unterschiedlich ist.

Bei der **narzisstischen Persönlichkeitsstörung** neigen die Betroffenen ganz besonders stark dazu, sich selbst zu bewundern und Bewunderung von anderen zu erwarten. Aufgrund ihrer Fokussierung auf sich selbst mangelt es Betroffenen mit dieser Störung oft an Mitgefühl für andere. Die Störung ist nach einer Figur aus der griechischen Mythologie benannt, die sich in sein eigenes Spiegelbild in einem Wasserbecken verliebte und es für den Rest seines Lebens anstarrte.

Wie diese Figur haben Betroffene mit einer narzisstischen Persönlichkeitsstörung ein enormes Gefühl der Selbstherrlichkeit. Sie brauchen oft die volle Bewunderung anderer und blasen ihre Erfolge und Talente auf. Sie sind ständig in Fantasien über ihre Macht, Intelligenz und Schönheit versunken. Aufgrund ihrer Selbstbezogenheit beuten sie oft andere aus, da ihre Empathie nur ihnen selbst gilt.[11] Da es ihnen an Empathie mangelt, zeigen einige Betroffene ein extrem negatives Verhalten. Sie glauben, dass sie aufgrund ihrer Besonderheit über anderen stehen und sich über soziale Regeln hinwegsetzen, aggressiv sein und sogar sadistisch werden können. Dieser Zustand wird als bösartiger Narzissmus bezeichnet.

Unseres Wissens gibt es keine eindeutigen Belege dafür, dass die narzisstische Persönlichkeitsstörung unter Migranten besonders verbreitet ist. Einige Psychologen haben jedoch argumentiert, dass Narzissmus in der Bevölkerung des Gastlandes, der sich als Nationalismus und Patriotismus äußert, zu Diskriminierung von Migranten führen kann.[106]

Die **Zwangsstörung** bzw. OCD (Obsessive Compulsive Disorder) betrifft Betroffene, die davon besessen sind, bis zur Perfektion ordentlich zu sein. Ihr exklusiver Fokus ist sehr starr und detailorientiert und oft so intensiv, dass er ihre ursprüngliche Absicht verdunkelt. Das Streben nach Perfektion kann dem Vollenden einer Aufgabe im Wege stehen. Diese Fokussierung erschwert es Betroffenen mit einer zwanghaften Persönlichkeitsstörung, sich an Freizeitaktivitäten zu beteiligen und Freundschaften einzugehen.[11] Bestehende Studien haben nicht belegen können, dass Migranten ein besonderes Risiko für die Entwicklung einer zwanghaften Persönlichkeitsstörung haben.[96, 102]

Es ist nicht weiter verwunderlich, dass in Studien ein höheres Risiko zur Entwicklung von Persönlichkeitsstörungen, insbesondere von Misstrauen und sozialem Rückzug, bei solchen Migranten festgestellt haben, die wiederholt Gewalt ausgesetzt waren.[107]

ESSSTÖRUNGEN

In puncto Essstörungen konzentriert sich das Diagnostic and Statistical Manual of Mental Disorders, 5. Ausgabe, auf zwei Störungen: Anorexia nervosa und Bulimie. Menschen mit Anorexie bzw. Magersucht zeichnen sich durch ein sehr niedriges Körpergewicht aus, das so niedrig ist, dass es ihre Gesundheit und ihr Leben gefährden kann. Sie haben große Angst vor einer

Gewichtszunahme und hungern oder halten extreme Diäten ein, um sich schlank zu halten. Möglicherweise missbrauchen sie auch Abführmittel und andere Diätmittel für diesen Zweck. Jedoch wenn sie abnehmen, fühlen sie sich immer noch nicht besser, da sie sich konstant Sorgen machen, dass sie nie dünn genug sind.

Die Bulimie-Erkrankung hat einiges gemeinsam mit der Magersucht-Erkrankung. Es handelt sich ebenfalls um eine ernste und potenziell lebensbedrohliche Essstörung. Ein Unterschied besteht darin, dass an Bulimie Erkrankte dazu neigen, in kurzer Zeit (2 Stunden oder weniger) eine große Menge an Nahrung zu sich zu nehmen. Sie unternehmen dann ungesunde Anstrengungen, um diese Nahrung wieder loszuwerden, oft indem sie sich selbst zum Erbrechen bringen. Sie können auch zu Abführmitteln oder Medikamenten greifen, fasten oder exzessiv viel Sport treiben.

Beide Störungen haben wenig mit Übergewicht zu tun und sind einfach ungesunde Versuche, mit emotionalen Beschwerden fertig zu werden. Ein schlanker Körper wird mit einem schöneren Aussehen assoziiert und somit damit, von anderen geschätzt und akzeptiert zu werden.

Welche Kriterien werden angewendet, um das „gesunde" Gewicht einer Person zu bestimmen?" Ein gängiges Maß ist der Body-Mass-Index (BMI), der die Größe und das Gewicht einer Person berücksichtigt. Die Formel lautet BMI=kg/m². Dabei steht die kg-Zahl für das Gewicht einer Person in Kilogramm. Und m² entspricht der Körpergröße in Metern hoch zwei. Diese Berechnung ergibt dann eine Zahl zwischen 19 und 54. Ein Wert von weniger als 8,5 gilt als „untergewichtig", 18,5 bis 24,9 als „normales" Gewicht, 25 bis 29,9 als „übergewichtig" und ein Wert über 30 als „fettleibig".

Der BMI ist durchaus nützlich, wenn er auf Erwachsene im Alter von 18 bis 65 Jahren angewendet wird, aber der Index hat auch seine Grenzen. Beispielsweise ist die Ermittlung des BMI bei Sportlern wie Bodybuildern und Langstreckenläufern nicht besonders sinnvoll, da den Unterschied von Gewicht aus Muskeln und Fett nicht differenziert. Ein Sportler mit einem hohen BMI kann also durchaus ein überaus gesundes Gewicht haben. Außerdem ist der BMI nicht auf schwangere Frauen, noch auf im Wachstum befindliche Kinder und ältere Menschen anwendbar.

Unter Migranten herrscht in der Regel eine niedrigere Prävalenz von Bulimie und Anorexie vor als bei ihren Altersgenossen in ihrem Gastland. Dies wurde sowohl in Migrantenfamilien der ersten als auch der zweiten Generation festgestellt, wenn beide Elternteile nicht gebürtig aus dem Gastland stammen.[108]

Das Thema Körpergewicht bei Migrantengruppen erfordert jedoch Überlegungen, die weit über die Diagnose von Bulimie und Anorexie hinausgehen. Wie Individuen und Gesellschaften das Gewicht einer Person interpretieren, ist von Kultur zu Kultur unterschiedlich. In einigen afrikanischen und arabischen Kulturen gilt beispielsweise ein höheres Gewicht traditionell als Zeichen von Reichtum, Stärke, Schönheit, Macht und Fruchtbarkeit.[109,110] Möglicherweise neigen Gesellschaften, in denen Lebensmittel nicht im Überfluss vorhanden sind, zu der Überzeugung, dass diejenigen am ehesten an Gewicht zunehmen, die es sich leisten können, viel zu essen (und also erfolgreich sind). In einer Studie, die sich mit Flüchtlingen aus dem westlichen Teil der afrikanischen Sahara-Wüste befasste, wurde sowohl bei Männern als auch bei Frauen dieser Bevölkerungsgruppe eine Präferenz zugunsten von größeren

Körpergrößen festgestellt. Diese Tendenz war bei jüngeren Menschen (18-25 Jahre) nicht mehr so stark, aber immer noch spürbar.[111] Ein solches Ergebnis könnte den Beginn eines Einstellungswandels widerspiegeln.

Die Beurteilung des Körpergewichts ist in der Regel eine Mischung aus komplexen sozialen Normen und Einstellungen. Vorstellungen darüber, was Schönheit ausmacht, bringen Betroffene in Bedrängnis, die glauben, dass sie diesen Normen nicht entsprechen, oder weil sie von anderen hinsichtlich ihres Gewichts oder ihrer Körperform beleidigt werden. Es ist aber auch wichtig anzumerken, dass die Physiologie von Menschen unterschiedlich funktioniert. Es gibt also buchstäblich keine Einheitsgröße, die allen passt. Gleichzeitig wird Fettleibigkeit durch eine Reihe von chronischen Krankheiten verursacht, darunter Typ-2-Diabetes, Bluthochdruck, hoher Cholesterinspiegel, Herzkrankheiten, Schlaganfall, Gallenblasenerkrankungen und bestimmte Arten von Arthritis. Daher ist es wichtig, dass das Thema aus der Perspektive der öffentlichen Gesundheit anzugehen und nicht aus der kulturell subjektiven Sichtweise hinsichtlich körperlicher Schönheit.

DROGENMISSBRAUCH UND -ABHÄNGIGKEIT (SUCHT)

Drogenmissbrauch und -abhängigkeit sind komplex und weltweit ein großes Problem. Aus einem Bericht des United Nations Office on Drugs and Crime (UNODC)[112] vom Juni 2020 geht hervor, dass im Jahr 2018 weltweit rund 269 Millionen Menschen Drogen konsumiert haben. Dies entspricht einem Anstieg von 30 % gegenüber dem Jahr 2009. Darüber hinaus litten zum Zeitpunkt der Erstellung dieses Berichts mehr als 35 Millionen Menschen unter drogenbedingten Störungen.

UNODC stellte ferner fest, dass die COVID-19-Pandemie zwar zu Restriktionen des Grenzverkehrs führte, die den Fluss illegaler Drogen verlangsamten, dass aber die daraus resultierende Knappheit (insbesondere bei Opium) auch die Preise in die Höhe trieb und die Reinheit der Drogen verringerte. Daraufhin gingen einige Drogenkonsumenten zu noch gefährlicheren Konsummustern über. Dies betraf auch die Injektion von Substanzen, mit denen sie wenig Erfahrung haben.

Drogenmissbrauch und Drogenabhängigkeit verursachen hohe persönliche und gesellschaftliche Kosten. Die amerikanischen Centers for Disease Control and Prevention (CDC) beispielsweise schätzen, dass es in den USA in einem Zeitraum von 12 Monaten bis Mai 2020 zu mehr als 81.000 Todesfällen infolge von Überdosierung kam.[113] Diese Problematik zeigt leider keinerlei Anzeichen einer Besserung. Das US National Center for Drug Abuse schätzt, dass die Zahl der Todesfälle durch Überdosierung jedes Jahr um 4 % steigt.[114]

Die finanziellen Folgen sind ebenfalls Anlass zu großer Besorgnis. Die unmittelbaren medizinischen und rechtlichen Kosten sowie der Produktivitätsverlust am Arbeitsplatz werden in den USA auf 740 Milliarden Dollar pro Jahr geschätzt (NIDA). Weitere soziale Kosten sind Kriminalität, Arbeitslosigkeit, Scheidung, Unfälle, häusliche Gewalt und Missbrauch, Obdachlosigkeit und die Auswirkungen illegaler Substanzen auf ungeborene Kinder. Ähnliche Muster sind in vielen anderen Teilen der Welt zu beobachten.

Migranten und Drogenmissbrauch. Manchmal bringen Migranten und Flüchtlinge bestimmte Muster und Verhaltensweisen hinsichtlich ihres Substanzkonsums und -missbrauchs aus ihrem Herkunftsland[115] mit in ihr Gastland oder sie übernehmen die Sicht- und Verhaltensweisen sowie Normen

hinsichtlich des Drogenkonsums und -missbrauchs in der vor-
herrschenden Kultur ihrer Wahlheimat.[116] Man denke nur an
den Alkoholkonsum (der für Muslime offiziell verboten ist)[117]
und den Konsum von Tabakprodukten (z.B. besonders viel bei
Männern in Myanmar und gering bei Männern und Frauen in
Äthiopien).

In einem der vorangehenden Abschnitte in diesem
Buch haben wir die Möglichkeiten der Akkulturation von
Migranten thematisiert. Wenn man sich die Zahlen zum
Drogenmissbrauch anschaut, kann man feststellen, dass eine
vermehrte Akkulturation bei Latinos/-as, Asiaten und anderen
ethnischen Gruppen mit einem erhöhten Substanzkonsum und
-missbrauch einhergeht.[118] Und zwar unabhängig von dem Alter,
in dem diese Migranten eingewandert sind.[92] Grundsätzlich ist
die Drogenmissbrauchprävalenz jedoch am größten bei der einheimischen Bevölkerung des Gastlandes und am geringsten bei
Migranten der ersten Generation. Bei Migranten der zweiten
Generation ist die Drogenmissbrauchprävalenz größer als bei
ihren Altersgenossen der ersten Generation.[27,119] Dies scheint
Teil des bereits zuvor beschriebenen „Migrantenparadoxons"
zu sein. Neuankömmlinge sind gesünder, weil sie – wie bereits erwähnt – eher durch die kulturellen Normen, mit denen
sie in ihrem Herkunftsland aufgewachsen sind, geschützt
sind. Aber nachfolgende Generationen übernehmen dann die
Verhaltensweisen der Gesellschaft ihrer Wahlheimat, weil ihre
traditionellen kulturellen Normen mit der Zeit erodieren.

Wie wir in diesem Buch immer wieder betonen, sind
Migranten, insbesondere Flüchtlinge, oft große emotionale Belastungen und körperliche Traumata widerfahren.
Infolgedessen greifen einige von ihnen zu Drogen, um mit
diesen Problemen fertig zu werden.[120] Dazu können auch aus

ihrem Herkunftsland bekannte Drogen gehören, von denen einige nicht in ihrer Wahlheimat erhältlich sind. Um eine genaue Anamnese des Drogenkonsums vornehmen zu können, sollten Gesundheitsdienstleister, soziale Dienstleister und andere, die mit Migranten arbeiten, sich informieren, um welche Substanzen es sich dabei handelt. Hier sind einige Beispiele:

Das Aufputschmittel *Khat* oder *Qat* ist in Ostafrika weit verbreitet. Es stammt von einer blühenden Pflanze und kann Euphorie auslösen. Nach Angaben der Weltgesundheitsorganisation (WHO) ist *Khat* eine Droge, die zu psychischer Abhängigkeit führen kann.[121] Dennoch ist sie in einigen afrikanischen Ländern (z.B. Dschibuti, Kenia, Uganda, Äthiopien, Somalia und Jemen) legal.[122] In Syrien ist darüber hinaus das synthetische Aufputschmittel *Captagon* (Fenethyllin) sehr beliebt.[123] Einige Drogen werden auch als Teil von religiösen Traditionen verwendet. So wird z.B. ein Halluzinationen hervorrufender Pilz, der so genannte Fliegenpilz (*Amanita muscaria)*, seit vermutlich über 4.000 Jahren in zentralasiatischen Ritualen verwendet.[124]

Missbrauch von verschreibungspflichtigen Medikamenten: Der Missbrauch von verschriebenen Medikamenten bedarf besonderer Erwähnung. Dazu gehört die Abhängigkeit von Medikamenten wie Angstlösern (Benzodiazepinen), Beruhigungsmitteln, Stimulanzien und insbesondere Opioiden. Der übermäßige Konsum von Opioiden (wie Oxycodon, Morphin, Codein, Hydrocodon, Oxycodon und Fentanyl) macht in hohem Maße süchtig, ist potenziell tödlich und so weit verbreitet, dass eine weltweite Opioid-Epidemie entstanden ist.

Nach Angaben des US National Institute on Drug Abuse (NIDA)[125] stieg die Anzahl der Todesfälle infolge von Überdosierungen im Zusammenhang mit Opioiden von 21.088

im Jahr 2010 auf 49.860 im Jahr 2019. Jeden Tag sterben mehr als 115 Menschen an einer Überdosis Opioide. Darüber hinaus schätzt die Weltgesundheitsorganisation, dass weltweit etwa 500.000 Todesfälle auf Drogenkonsum zurückzuführen sind. Über 70 % dieser Todesfälle stehen im Zusammenhang mit Opioiden.[126]

Opioide werden zur Schmerzbehandlung eingesetzt. Wie bereits erwähnt, greifen Migranten der ersten Generation weniger häufig zu Freizeitdrogen. Aber Migranten, die vor Krieg und Gewalt in ihrem Heimatland geflohen sind und eine gefährliche Reise hinter sich haben, haben mit größerer Wahrscheinlichkeit körperliche Verletzungen erlitten, die chronische Schmerzen zur Folge haben.[127,128] Dies kann wiederum in einer lebensbedrohlichen Opiatabhängigkeit resultieren, wenn diese Schmerzmittel missbraucht werden.

Erwachsene Migranten arbeiten auch häufiger in körperlich anstrengenden und gefährlichen Berufen, in denen sie vermehrt Gefahren und Unfällen ausgesetzt sind.[129] Solche Bedingungen erhöhen die Wahrscheinlichkeit, dass sie chronische Schmerzen entwickeln.[130] Die behandelnden Ärzte müssen daher darauf achten, dass sie die ohnehin schon schwierigen Umstände nicht noch durch Opiatabhängigkeit verschlimmern.

Fallbeispiel von Dolores Rodríguez-Reimann:
Ein äußerst typisches Beispiel, das von meinen Patienten in der Privatpraxis beschrieben wurde ist folgendes: Ein Patient berichtet, dass er operiert wurde. Als er aus dem Krankenhaus entlassen wird und sich zuhause weiter erholen soll, verschreibt der behandelnde Arzt ein opioides Schmerzmittel. Dieses Medikament hilft zwar, aber der Patient merkt, dass die Schmerzen nicht

aufhören. Sie werden durch das Medikament lediglich unterdrückt. Ohne das Medikament leidet der Patient unter ständigen Beschwerden, die ihn bei alltäglichen Aktivitäten wie dem Einkaufen und sogar dem morgendlichen Anziehen behindern. Um zu helfen, erklärt sich der Arzt bereit, das Rezept erneut auszustellen. Bevor Patienten die Gefahr der Abhängigkeit erkennen, können sie oftmals *„nicht mehr funktionieren ohne diese Pillen"*.

Die Mechanismen von Abhängigkeit und Sucht: Drogenmissbrauch und Drogenabhängigkeit sind eine komplizierte Thematik. Natürlich werden nicht alle, die Freizeitdrogen konsumiert haben, auch süchtig. Selbst potenziell süchtig machende Medikamente können bei der Behandlung von erheblichen Beschwerden wie Angstzuständen und Schmerzen helfen, wenn sie unter ärztlicher Aufsicht mit Bedacht eingesetzt werden.

Wenn sie jedoch missbraucht werden, kann dies schwerwiegende Folgen haben. Dazu sollte man einige grundlegende Fakten kennen: Die „Abhängigkeit" kann psychisch, physisch oder in vielen Fällen auch beides sein. Menschen werden von biologisch suchterzeugenden Drogen abhängig, wenn sie diese regelmäßig konsumieren und nicht mehr ohne diese zurechtkommen. Im Laufe der Zeit kann die Wirkung einer Droge nachlassen, und es werden dann immer höhere Dosen angewendet, um die gleiche Schmerzlinderung oder andere gewünschte Erfahrungen zu erzielen. In diesem Zusammenhang verwendet man den Begriff der „Toleranz(entwicklung)", wenn der Körper höhere Dosen zu benötigen scheint, um die gleiche Wirkung zu erzielen. Der Körper kann auch körperlich von der Droge abhängig werden. Das Absetzen der Droge führt dann zu quälenden Entzugserscheinungen. Im Falle von Heroin beispielsweise können die Symptome Übelkeit, Zittern, Schwitzen, Muskelkrämpfe, Unruhe, Körperschmerzen und andere Beschwerden auftreten. Wie lange diese Symptome anhalten, hängt von der jeweiligen Person ab. Sie beginnen jedoch in der Regel innerhalb von 6 bis 12 Stunden nach dem Abklingen der Wirkung des letzten Konsums, erreichen ihren Höhepunkt nach 1 bis 3 Tagen und klingen dann im Laufe der folgenden Woche ab. In einigen Fällen können die Symptome jedoch Wochen, Monate oder sogar Jahre anhalten.

Neben dem erneuten Auftreten von Schmerzen kann der Opioid-Entzug auch Übelkeit, Erbrechen, Durchfall, eine erhöhte Herzfrequenz und andere Beschwerden verursachen.

Menschen werden als drogensüchtig definiert, wenn sie nicht nur eine körperliche Toleranz und Abhängigkeit entwickelt haben, sondern nach dem Abklingen der körperlichen Entzugserscheinungen auch weiterhin nach der Droge verlangen. Vieles davon ist psychologisch bedingt – *„Ich kann einfach nicht ohne sie leben".* Manche Menschen konsumieren eine Droge daher auch weiterhin, obwohl diese Entscheidung negative körperliche und soziale Folgen hat. Zu den langfristigen medizinischen Auswirkungen gehören je nach Droge ein geschwächtes Immunsystem, Herzprobleme, Lebererkrankungen, Krampfanfälle, Schlaganfälle, Zahnprobleme, Beeinträchtigungen bei Kindern, wenn eine Frau während der Schwangerschaft Drogen nimmt, ein erhöhtes Risiko für bestimmte Krebsarten und Tod. Zu den sozialen Folgen können der Verlust von Arbeitsplatzes oder von geliebten Menschen, Obdachlosigkeit, Strafanzeigen und Inhaftierung gehören.

Drogen – einschließlich verschriebener Medikamente – konsumierende Migranten sollten sich der unterschiedlichen Gesetzgebung in Bezug auf die Substanzen bewusst sein. In den USA können die Drogengesetze von Bundesstaat zu Bundesstaat variieren.

Mischen von Medikamenten und die Verwendung von nicht verschriebenen Medikamenten: In unserer klinischen Praxis haben uns Patienten erzählt, dass sie das Medikament eines Verwandten ausprobiert haben, weil *„es bei denen toll gewirkt hat"*. Laut *„Contemporary Pediatrics"* werden 71 % der verschreibungspflichtigen Schmerzmittel von Freunden oder Verwandten durch Bitten, Stehlen oder Kaufen bezogen.[131] Außerdem werden Medikamente mit Freizeitdrogen und Alkohol gemischt. Das ist jedoch nie eine gute Idee. Die Medikamente werden je nach den spezifischen Bedürfnissen und der medizinischen Situation des Einzelnen verschrieben. Selbst wenn die äußeren Symptome ähnlich sind, kann das, was bei der Tante funktionierte, für den anderen gefährlich sein. Darüber hinaus kann das Mischen von Medikamenten, die einem nicht verschrieben wurden, oder das Mischen mit Alkohol und/oder Freizeitdrogen zumindest die positiven Wirkungen der Medikamente aufheben und schlimmstenfalls gefährliche Nebenwirkungen hervorrufen. Ärzte und Apotheken verfügen über klinische Kenntnisse und Computersysteme, die bei der vorzeitigen Erkennung von problematischen Medikamentenmischungen helfen. Konsumenten verfügen über keine solchen Schutzmechanismen.

Eine der gefährlichsten Praktiken in den USA, von der wir gehört haben, sind die „Skittles Parties". Der Name leitet sich von den kleinen Bonbons ab, die es in verschiedenen Farben gibt. Auf so genannten Skittles Partys geben die Leute (meist Jugendliche) diverse unterschiedliche Pillen in eine Schale. Die

Teilnehmer nehmen sie dann nach dem Zufallsprinzip ein. Sie haben keine Ahnung, welche Art von Medikamenten sie einnehmen oder wie sich die Kombination der eingenommenen Medikamente auswirkt. Manchmal sind zudem auch noch Alkohol und andere Getränke im Spiel. Diese Praktiken bergen viele Gefahren, wie z.B. die unbekannte Dosierung, Allergien gegen eine enthaltene Substanz, Wechselwirkungen mit anderen Erkrankungen der jeweiligen Person oder Unverträglichkeiten der verschiedenen Substanzen untereinander. Überdosierungen und Todesfälle sind unter diesen Umständen durchaus möglich. Obwohl diese Praktiken in den USA bekannt sind, sind Migranten aus anderen Ländern möglicherweise nicht damit vertraut. In Anbetracht der damit verbundenen Risiken sollten Eltern wissen, dass ihre Kinder solchen Trends ausgesetzt sein können, wenn sie sich vermehrt in die neue Umgebung integrieren.

4

ENTSCHEIDENDE FAKTOREN DER PSYCHISCHEN GESUNDHEIT

Als eine besondere Problematik bei psychischen Störungen ist zu erwähnen:

Suizid: Dienstleister im Bereich der psychischen Gesundheit beschreiben Suizid oft als „dauerhafte Lösung für ein vorübergehendes Problem". Auch wenn es ironisch klingt, ist es leider dennoch zutreffend.

Nach Angaben der Weltgesundheitsorganisation sterben jährlich mehr als 700.000 Menschen durch Selbsttötung. Dies entspricht 1,3 % aller Todesfälle weltweit und damit lag Selbstmord im Jahr 2019 auf Rang 17 der Liste mit den häufigsten Todesursachen.[132]

Besonders gefährdet sind Menschen, die sehr depressiv sind, die besonders impulsiv sind, die diversen Stress und Traumata erlebt haben, mit denen sie nicht fertig werden, und die Probleme haben aufgrund von Drogenmissbrauch und -abhängigkeit. Allgemein ist die Wahrscheinlichkeit eines Selbstmordversuchs bei Frauen größer als bei Männern. Aber Männer greifen eher zu tödlichen Mitteln, die dann tatsächlich zum Tod führen.

Selbstmordversuche werden aus verschiedenen Gründen unternommen. Die Betroffenen haben vielleicht keine Hoffnung mehr für ihr Leben und sind so verzweifelt, dass sie den Tod als einzigen Ausweg sehen. Manche machen „Gesten" bzw. einen

„Hilfeschrei", womit Selbstmordversuche gemeint sind, die eher nicht tödlich ausgehen werden. Diejenigen, die einen solchen Versuch unternehmen, hoffen wahrscheinlich, dass sie damit Aufmerksamkeit erregen und Hilfe beim Bewältigen ihrer Probleme erhalten. Manche verletzen sich selbst, indem sie sich in Arme, Beine oder andere Körperteile ritzen. Sie haben das Gefühl, dass körperlicher Schmerz ein Mittel ist, um sich von emotionalem Distress abzulenken. Sie können aber auch zu weit gehen (z.B. eine Vene aufschneiden), was zu ihrem Tod führt.

Selbstmord wird sowohl in den USA als auch in anderen Ländern als ein ernst zu nehmendes Gesundheitsproblem angesehen. Besonders gefährdet sind Militärangehörige (sowie Veteranen), Personen aus der LGBTQ+-Community, unter chronischen Schmerzen leidende Menschen sowie Studenten. Die letzte Kategorie ist vielleicht am überraschendsten. Studien haben jedoch gezeigt, dass die Selbsttötung die zweithäufigste Todesursache unter Studenten ist.[133] Innerhalb dieser Gruppe ist wiederum die Wahrscheinlichkeit, dass sich männliche Studenten umbringen, etwa dreimal so hoch wie bei weiblichen Studenten.[134]

In Europa wurde die Selbstmordrate unter Migranten besonders genau analysiert, da die Zahl der Selbstmorde in dieser Bevölkerungsgruppe zunimmt. Forscher fanden beispielsweise heraus, dass 10 % derjenigen, die in Norwegen (1992 bis 2012) Selbstmord begangen haben, einen Migrationshintergrund hatten. Bei Migranten der ersten Generation kommt es seltener zu Selbstmorden. Bei im Ausland geborenen Personen mit mindestens einem in Norwegen geborenen Elternteil gab es jedoch sowohl bei Männern als auch bei Frauen deutlich höhere Selbstmordraten als bei der einheimischen norwegischen Bevölkerung.[135]

Einige weitere Fakten aus Europa: In Deutschland verzeichnen die meisten Migrantengruppen ein geringeres Selbstmordrisiko als ihre in Deutschland geborenen Altersgenossen. Eine deutsche nationale Datenbank zur Sterblichkeitsstatistik hat die Selbstmordraten für Personen über 18 Jahre auch für Migrantengruppen erfasst. Die Statistik zeigt, dass die Selbstmordraten für neun der größten Migrantenpopulationen im Vergleich zu den in Deutschland geborenen Personen niedriger waren. Die Bedingungen im Herkunftsland der Migranten sowie ihr sozioökonomische Status waren dabei besonders mit dem Selbstmordrisiko verbunden.[136]

Im Vereinigten Königreich haben Daten aus verschiedenen Studien einen Anstieg der Selbstmordraten aufgezeigt, insbesondere unter asiatischen Migranten. Soziale und kulturelle Faktoren, insbesondere die soziale Integration und die Religion, spielen eine wichtige Rolle bei der Bestimmung unterschiedlicher Selbstmordraten. Akkulturationsstress kann ein Faktor für diese Resultate sein. Leider haben Migranten nur geringen Zugang zu Behandlungsmöglichkeiten aufgrund von Patiententabus im Zusammenhang mit psychischen Gesundheitsdiensten und der Notwendigkeit, die kulturelle Kompetenz der Gesundheitsdienstleister zu erhöhen.[137]

Es ist oft schwierig, die Selbstmordrate unter Migranten und anderen kulturell und sprachlich unterschiedlichen Gruppen zu ermitteln. In den USA werden zum Beispiel arabische Amerikaner manchmal als „weiß" eingestuft und nicht als eigene ethnische Gruppe gesehen.

Einige Studien haben gezeigt, dass Menschen aus verschiedenen demografischen Gruppen besonders gefährdet sind. Dazu gehören ältere Frauen mit unbehandelten Depressionen, die außerhalb Skandinaviens geboren wurden.[138] Es ist nicht weiter verwunderlich, dass sowohl bei Männern als auch bei Frauen die Wahrscheinlichkeit eines Selbstmordes größer ist, wenn sie an einer unbehandelten Depression leiden. Eine Studie zeigte, dass verheiratete Männer seltener Selbstmord begehen. Dies traf jedoch nicht auf Frauen zu. Der genaue Grund für diese Tendenz bleibt unklar.[139]

In den Vereinigten Staaten scheint ein erhöhtes Selbstmordrisiko für Latinos/-as mit dem Einwanderungsstress zusammenzuhängen. Eine Studie, die Latino-Gruppen in den USA (Boston) sowie in Spanien (Madrid und Barcelona) untersuchte, ergab außerdem Folgendes: Diejenigen, die 1) mehr Diskriminierung erfahren hatten, 2) weniger Klarheit über ihre ethnische Identität hatten, 3) mehr Konflikte mit Familienmitgliedern hatten und 4) das Gefühl hatten, keinen Ort zu haben, an dem sie hingehören, verzeichneten ein höheres Selbstmordrisiko. Darüber hinaus neigten diejenigen, die stärker depressiv waren oder an einer PTBS litten, eher zu Selbstmordgedanken. Das Risiko steigt, je länger ein Migrant in seinem Gastland lebt. Wenn der Migrant die Staatsbürgerschaft des Gastlandes angenommen, sinkt das Selbstmordrisiko wieder.[140] Möglicherweise fühlen sich Migranten, die die Staatsbürgerschaft angenommen haben, insgesamt besser eingelebt, akzeptiert und sicher.

Was tun Sie, wenn jemand, den Sie kennen, an Selbstmord denkt oder Sie selbst solche Gedanken hegen? Im Folgenden listen wir einige wichtige Schritte auf, die Sie unternehmen können, wenn Sie oder jemand, den Sie kennen, sich in einer suizidalen Krise befinden/befindet.

Alle unternommenen Schritte müssen darauf abzielen, dass Sie oder eine andere Person sicher und geschützt sind. Nicht alle Personen, die über den Tod nachdenken oder Dinge sagen,

wie „*die Welt ist ohne mich besser dran*", unternehmen zwangs-
läufig einen Selbstmordversuch. Wenn Personen mit solchen Gedanken jedoch beginnen, Pläne und Methoden zur
Selbsttötung recherchieren, steigt die Gefahr erheblich, dass sie
diese Pläne auch in die Tat umsetzen.

Auch wenn es sich unangenehm und peinlich anfühlen mag,
Hilfe in Anspruch zu nehmen, so ist dies doch lebensnotwendig.
Bleiben Sie nicht allein, wenn Sie mit dem Gedanken spielen,
Selbstmord zu begehen! Wenden Sie sich an einen vertrauens-
würdigen Freund, eine Freundin oder ein Familienmitglied!
Suchen Sie Hilfe bei professionellen Gesundheitsdienstleistern!
In den USA kann man eine örtliche Suizid-Hotline oder die
Notrufnummer 911 anrufen oder sich direkt zur Notaufnahme
eines Krankenhauses begeben. (Wenn Sie in den USA die
Notrufnummer 911 anrufen, teilen Sie dem Operator mit, dass
Sie eine psychische Krise melden, und bitten Sie darum, dass
ein ausgebildeter psychiatrischer Notfallhelfer die Polizei zu
Ihrem Aufenthaltsort begleitet).

Auch in anderen Ländern gibt es Suizid-Hotlines. Im
Folgenden listen wir einige auf.

Diejenigen, die sich zum Selbstmord entschlossen haben,
wirken zumindest äußerlich so, als ginge es ihnen „besser". Aber
dieser Eindruck täuscht, denn sie sind nur durch den Plan zur
Selbsttötung erleichtert, weil sie nun glauben, einen klaren Weg
vor sich zu haben. Leider führt dieser Weg in den Tod. Daher ist es
wichtig, bei nahestehenden Personen, die Selbstmordgedanken
geäußert haben, wachsam zu bleiben, unabhängig davon, ob es
ihnen besser zu gehen scheint oder nicht.

Eine früher von Therapeuten angewandte Praxis war
das Abschließen von „Verträgen" mit suizidalen Personen,
in denen sie sich quasi verpflichten, sich nicht selbst zu

schaden. Dies wurde als förmliche Vereinbarung zwischen dem Gesundheitsdienstleister und dem Patienten festgehalten. Es war eine Maßnahme, von der viele annahmen, dass sie die Betroffenen daran hindern würde, den Selbstmord tatsächlich zu begehen. Solche Verträge erscheinen intuitiv erst einmal sinnvoll. Leider haben sie sich jedoch als unwirksam erwiesen.

Hier sind einige Beispiele für Suizid-Hotlines. Bitte beachten Sie, dass diese Liste nicht vollständig ist und sich im Laufe der Zeit ändern kann. Die meisten Hotlines lassen sich leicht im Internet finden. Viele dieser Hotlines können auch mit Betroffenen kommunizieren, die kein Englisch sprechen.

In den USA

National Suicide Prevention Lifeline: 800-273-8255
National Mental Health Crisis Line: 988
Allgemeine Notfallnummer: 911

Im Vereinigten Königreich

National Suicide Helpline: 0800 689 5652

In Deutschland

Telefonseelsorge Deutschland: 0800 1110 111
oder 0800 1110 222

In Spanien

Spain Suicide Hotline: 914590050

Eine umfassendere Liste von Suizid-Hotlines in 87 Ländern gibt es unter::

https://en.wikipedia.org/wiki/List_of_suicide_crisis_lines

WUT

Man gesagt, dass Wut und Freude die beiden häufigsten menschlichen Emotionen sind. In diesem Abschnitt widmen wir uns der Wut. Diese Emotion genießt einen schlechten Ruf. Sie wird oft als wild und gefährlich angesehen. Aber Wut kann ein sinnvoller Überlebensmechanismus sein. Wut wurde zum Beispiel als Mittel zur Überwindung von Angst beschrieben, wenn jemand der Gefahr ausgesetzt ist, angegriffen zu werden.[141] Andererseits kann häufige Wut zu gefährlichen Handlungen führen, die nicht nur für einen selbst, sondern auch für andere schlimme Folgen wie Verletzungen oder sogar den Tod haben können.

Alle Menschen empfinden Wut. Es ist Teil unserer grundlegenden Natur. Die Frage ist, wie wir reagieren, wenn wir sie empfinden. Wissenschaftler haben drei grundlegende Arten von Wut identifiziert.[142]

Passive oder unterdrückte Wut: Viele Menschen haben Angst vor ihrer eigenen Wut. Sie empfinden Wut als unkontrollierbar und haben das Gefühl, dass sie ihren Impulsen nicht trauen können. Daher versuchen sie, Konflikte und Konfrontationen zu vermeiden, selbst wenn sie frustriert sind. Dies wird manchmal als „passive Aggression" bezeichnet. Bei dem Versuch, ihre Erregung zu vermeiden oder zu unterdrücken, werden sie still, schmollen, prokrastinieren (schieben Dinge auf, die sie erledigen müssen) und tun so, als sei „alles in Ordnung". Passive Wut entsteht aus dem Bedürfnis heraus, die Kontrolle zu behalten, zumindest über die eigenen Gefühle. Aber der Versuch, Wut zu ignorieren oder zu unterdrücken, funktioniert in der Regel nicht. Dies kann zu Depressionen, körperlichen Angstsymptomen wie Zittern, dem Verlust der Selbstachtung und zu einer Beeinträchtigung der Beziehungen der Person führen. Darüber hinaus neigen Betroffene dazu, andere auf indirekte Weise zu verletzen. Hier ist ein Beispiel für passiv-aggressives Verhalten: Wenn Menschen gebeten werden, eine bestimmte Arbeit zu verrichten (zu Hause oder am Arbeitsplatz), erklären sie sich vielleicht bereit, diese zu tun. Aber sie sind verärgert und reagieren, indem sie nicht rechtzeitig fertig werden, absichtlich Fehler machen, jammern, versuchen, die Schuld auf jemand anderen zu schieben usw.

Wie oben beschrieben, können die Folgen von Versuchen, Wut zu verleugnen oder zu ignorieren, sowohl für wütende Menschen als auch für ihre Umgebung schwerwiegende Folgen haben. Die Betroffenen ziehen sich zurück, essen zu viel, geben zu viel Geld aus, werden süchtig nach Computerspielen und handeln gegen ihre eigenen Interessen. Aber auch für diejenigen, die ihre Wut offen zum Ausdruck bringen, kann dies negative Folgen haben. Dies ist denn auch unser nächstes Thema.

Offene Aggression: Viele Betroffene neigen zu Wutanfällen, werden körperlich oder verbal aggressiv und verletzen sich selbst oder andere. Dies wird als „offene Aggression" bezeichnet. Beispiele sind Streit, Mobbing, (emotionales) Erpressen, Beschuldigen, Anschreien, Zankereien, Sarkasmus und Kritik. Andere Beispiele für offene Aggression sind Raserei im Straßenverkehr, häusliche Gewalt und diverse andere kriminelle Handlungen. Aggressiver Zorn und Wut bleiben in der Regel eher unbewältigt. Die Betroffenen verharren darin und können sie nicht vergessen. Auf diese Weise wird die Wut chronisch. Sie vermag im Augenblick des Wutausbruchs eine gewisse Erleichterung bringen. Unmittelbar nach einem Wutanfall fühlen sich die Betroffenen in der Regel entspannter und erleichtert, aber das Gefühl hält nicht an. Studien zeigen, dass der negative Ausdruck von Wut langfristig nur noch mehr Wut hervorruft.[143] Sie verschlimmert unseren zugrunde liegenden emotionalen Schmerz, statt ihn zu lindern.

Chronische Wut ist auch mit körperlichen Folgen verbunden. Ein anhaltender Zustand hoher Erregung kann zur Entwicklung von Hypertonie (Bluthochdruck), Herzkrankheiten und vorzeitigem Tod beitragen.

Assertive Wut: Wie oben beschrieben, führen unterdrückte und offene Wut zu Problemen, sowohl für die wütenden Betroffenen als auch für ihre Umgebung. Dadurch kann den Eindruck entstehen, dass Wut immer vermieden werden sollte. Aber es gibt einen positiveren und konstruktiveren Weg, mit ihr umzugehen. Wie können wir das tun?

Das Erkennen und Akzeptieren von Wut kann ein erster Schritt zur Heilung sein. Zum Beispiel haben Migranten, die in ihrem Herkunftsland diskriminiert wurden, wahrscheinlich immer wieder gehört, dass sie minderwertig, falsch, wertlos, ignorant usw. sind. Die Kommentare sind so allgegenwärtig, dass sie anfangen, diesen Glauben zu schenken. In der klinischen Praxis und in der Forschung wird dies zuweilen als „Internalisierung" bezeichnet. Betroffene glauben, dass sie kein Recht haben, sich über ihre ungerechte Behandlung zu ärgern, da sie so minderwertig sind, dass sie sie verdient haben. Wenn Betroffene auf diejenigen wütend werden, die versuchen, sie zu unterdrücken, ist das ein gutes Zeichen. Es bedeutet, dass sie die negativen Kommentare nicht mehr als wahr akzeptieren. Dies ist ein Schritt in die Richtung, ein Überlebender zu sein und kein Opfer.

Wut kann in Motivation umgewandelt werden, die es den Betroffenen ermöglicht, selbstbewusst aufzutreten. Statt andere zu bedrohen und anzugreifen, setzen sich selbstbewusste Menschen auf respektvolle und gewaltfreie Weise für ihre Interessen ein. Selbstbewusste Menschen sind selbstsicher und sagen, was sie fühlen. Sie sind aber auch in der Lage, anderen zuzuhören, sie bemühen sich, die Gefühle anderer zu verstehen und lösen Probleme schließlich auf konstruktive Weise. Kurz gesagt, selbstbewusste Menschen nutzen ihre anfängliche Wut als psychologische Energie, die sowohl ihnen selbst als auch ihrer Gemeinschaft und der Gesellschaft im Allgemeinen zugutekommt. Sie können anderen verzeihen und sich entschuldigen, wenn die Umstände es rechtfertigen.

Wut und Trauma: Es wohl kein Wunder, dass Wut und Trauma eng miteinander verbunden sind. Das US Department of Veterans Affairs National Center for PTSD[144] sagt, dass Wut uns helfen kann, mit dem Stress des Lebens fertig zu werden, wenn wir sie richtig verarbeiten. Sie gibt uns die Energie zum Bewältigen von Problemen im Leben.

Ein Großteil unserer Wut hat seine Wurzeln in vergangenen Erfahrungen. Dr. Andrea Bryant[69] schätzt sogar, dass etwa 90 % auf vergangene Erfahrungen zurückzuführen sind. Das bedeutet also, dass nur ein sehr geringer Anteil durch die gegenwärtigen Umstände bedingt ist. Wenn uns ein aktuelles Erlebnis an ein früheres Trauma erinnert, ist unsere emotionale Reaktion viel stärker als unter anderen Umständen. Der Auslöser für eine solche Reaktion kann ganz klein sein: Ein Geräusch oder ein Geruch, der uns an eine schlechte Erfahrung erinnert, kann schon ausreichen. Wenn wir lernen, solche Auslöser zu erkennen und zu verstehen, wie sie uns immer noch beeinflussen, können wir lernen, unsere Wut in positive Handlungen umzuwandeln. Dies führt zu weniger Stress und positiven Veränderungen, die sowohl der betroffenen Person als auch ihrer Umgebung helfen können.

Wut bei Migranten: Wie in diesem Buch beschrieben, erleben einige Migrantengruppen, die aus ihrem Heimatland fliehen und eine gefährliche Reise unternehmen, viele verschiedene

Traumata. Außerdem sind sie vielleicht enttäuscht, dass ihr Gastland nicht alle zuvor erträumten Vorteile bietet. Das Ergebnis ist oft Wut und negative Reaktivität. Wie sich diese Wut äußert, hängt von individuellen Unterschieden und kulturellen Normen ab.[145] Manche denken, ein Recht auf diese Wut zu haben. Sie denken vielleicht: *„Ich habe viel durchgemacht, mehr kann ich nicht machen. Jetzt muss sich die Welt um mich kümmern."* Das wird ihnen kaum Respekt, Sympathie oder praktische Hilfsangebote einbringen. In unserer klinischen Praxis ist eine solche Haltung jedoch nicht die Norm. Vielmehr sind die meisten, die zu uns kommen, aufrichtig daran interessiert, Hilfe zur Bewältigung ihrer gesundheitlichen Probleme zu finden.

CHRONISCHE SCHMERZEN

Körperliche Schmerzen bei Migranten werden in verschiedenen anderen Teilen dieses Buches erwähnt. Aber es gibt noch mehr dazu anzumerken:

Migrantengruppen, vor allem aus kriegsgebeutelten Ländern, diejenigen, die eine gefährliche Reise hinter sich haben, und diejenigen, die körperliche Arbeit verrichten, sind besonders verletzungs- und schmerzgefährdet. Darüber hinaus können Veränderungen ihrer Ernährung und ihres Lebensstils das Risiko auf Entwicklung von chronischen Krankheiten erhöhen, zu denen wiederum Schmerzen gehören können. Hier ein kurzer Überblick:

Eine Studie aus der Türkei dokumentierte viele schwere Kopf-, Hals-, Brust- und andere Wunden durch Schüsse, Bomben und Schrapnelle bei Zivilisten, die vor dem syrischen Bürgerkrieg flohen.[127] Es wurden auch erhebliche Verletzungen durch Gewalt während der Migrantenreise in ihre neue Wahlheimat aufgezeichnet.[128]

Außerdem arbeiten Migranten nach ihrer Ankunft in ihrem Gastland häufiger in gefährlichen Berufen als ihre einheimischen Altersgenossen im Gastland. Dazu gehören die Exposition gegenüber Hitze, Pestiziden, potenziell schädlichen Chemikalien und physischen Gefahren, die Unfälle verursachen können (z.B. Stürze).[129]

Statistiken zeigen, dass das Risiko einer Verletzung am Arbeitsplatz bei Migranten höher ist als bei ihren einheimischen Kollegen. Dies gilt für viele Länder, darunter Italien, die USA, Kanada und andere Teile der Welt.[129,146] Eine Studie aus Spanien zeigte, dass Migranten aus Nordafrika besonders gefährdet sind. Am Arbeitsplatz erlitten nordafrikanische Frauen die meisten Verbrennungen. Männer aus Lateinamerika, der Karibik, Afrika und Osteuropa erlitten am häufigsten Verletzungen durch Fremdkörper. Solche Verletzungen können darin bestehen, von einem Gegenstand getroffen zu werden, etwas ins Auge zu bekommen oder versehentlich etwas zu verschlucken.[147]

Angesichts dieses Risikos auf körperliche Verletzungen haben Studien aufgezeigt, dass Migranten eher chronische Schmerzen entwickeln als die einheimische Bevölkerung.[130] Diese Beobachtung ist jedoch nicht allgemeingültig. In einer Studie in den USA wurde beispielsweise festgestellt, dass Migrantenkinder im Schulalter im Vergleich zu ihren einheimischen Altersgenossen eine deutlich geringere Verletzungswahrscheinlichkeit aufweisen. Der sozioökonomische Status spielte bei diesen Ergebnissen im Übrigen keine Rolle.[148]

Auch die Umstellung der Ernährung von der im Heimatland auf die im Gastland kann bei einigen Migrantengruppen zu einem höheren Risiko auf chronische Krankheiten führen. Asiatische, schwarze und lateinamerikanische Migranten verzeichnen beispielsweise eine höhere Rate an Typ-2-Diabetes als die in den USA geborene weiße Bevölkerung.[149] Diabetes kann, insbesondere wenn die Krankheit medikamentös nicht gut eingestellt ist, zu einem Symptom namens neuropathischem Schmerz führen. Dazu gehören Schmerzen in den Gliedmaßen und Füßen.[150]

Studien haben außerdem gezeigt, dass einige Menschen mit einer Glutensensitivität (verschiedene Proteine, die in bestimmten Getreidesorten vorkommen) an einer Gluten-Neuropathie leiden, die Nervenschmerzen oder Taubheit in Händen und Füßen verursachen kann. Glücklicherweise kann dieses Problem durch eine glutenfreie Ernährung behoben werden.[151]

Das Thema chronische Schmerzen ist wichtig beim Behandeln von psychischen Erkrankungen. Es besteht ein erheblicher Zusammenhang zwischen körperlichen Verletzungen, Schmerzen und der psychischen Gesundheit von Migranten. Eine kanadische Studie, die sich auf diese Gruppen konzentrierte, zeigte beispielsweise, dass Stimmungs- und Angststörungen signifikant mit einer höheren Wahrscheinlichkeit von Verletzungen verknüpft waren, insbesondere solchen, die durch Stürze verursacht wurden.[152] Darüber hinaus verschlimmerte die Kombination von Schmerzen und emotionalen Problemen häufig beide Zustände, was deren Behandlung erschwerte.[153]

SCHLAFLOSIGKEIT

Schlaflosigkeit ist ein gewohnheitsmäßiges Problem, das mit Schwierigkeiten beim Einschlafen oder Durchschlafen verbunden ist. Die meisten Menschen haben gelegentlich Nächte, in denen sie nicht so leicht oder tief schlafen können, wie sie es gerne möchten. Aber anhaltende Schlaflosigkeit kann zu Denkschwierigkeiten, Gedächtnisproblemen und

Aufmerksamkeitsproblemen während des Tages führen. Diese Beschwerden können dazu führen, dass Betroffenen schlechte Entscheidungen treffen, während des Autofahrens einnicken und andere ernsthafte Probleme entwickeln. Dies wird oft als chronische Schlaflosigkeit definiert. Diese Bezeichnung wird dann verwendet, wenn die Schlafprobleme mindestens einen Monat lang unvermindert andauern, in der Regel jedoch sechs Monate oder länger.[154]

Beschwerden beim Einschlafen, mehrmaliges nächtliches Aufwachen und anschließende Schwierigkeiten, wieder einzuschlafen, sind häufig auf medizinische Erkrankungen, psychische Beschwerden oder eine Kombination solcher Umstände zurückzuführen. Zu den Gesundheitszuständen, die Schlafstörungen verursachen können, gehören Asthma, Schmerzen und Schnarchen. Aufgrund von Schmerzen kann es manchmal unmöglich sein, eine bequeme Schlafposition zu finden.

Schlaflosigkeit wird auch als eines der häufigsten Symptome für psychische Beschwerden, wie u.a. Depression, Angstzustände und Trauma, angesehen. Es ist schwer, zur Ruhe zu kommen, wenn man von Problemen überwältigt ist. Sorgen und negative Gedanken halten Betroffene nachts oft wach. Wenn sie ein Trauma erlebt haben, ist ihr Bewusstsein ständig auf potenzielle Gefahren sensibilisiert (z.B. wachen sie auf, wenn es im Haus auch nur ein kleines Geräusch gibt). Es kann auch sein, dass ihnen immer wieder Gedanken durch den Kopf gehen, auch wenn sie das nicht wollen. Viele von uns wissen, wie es ist, wenn ein einprägsamer Song, ein Ohrwurm, im Kopf hängen bleibt. Sich wiederholende Gedanken bei Betroffenen verhalten sich ähnlich, nur dass die Gedanken meist frustrierend sind.

Kurz gesagt: Psychische Beschwerden, chronische Schmerzen, Traumata und Schlaflosigkeit hängen alle miteinander zusammen und beeinflussen sich gegenseitig. Depressionen und Angstzustände können sich bei chronischen Schmerzen noch weiter verstärken. Das kann die Betroffenen aber auch motivieren, sich um Hilfe zu bemühen. Wenn sie Methoden zur Entspannung erlernen, können sowohl ihre körperlichen Schmerzen als auch ihre emotionalen Beschwerden abnehmen. Im Folgenden haben wir einige Beispiele für die Vorteile von gutem Schlaf und die Folgen von schlechtem Schlaf erläutert:

Guter Schlaf: Eine regelmäßige gute Nachtruhe birgt viele Vorteile. Damit verbessert sich die Konzentration, die Gedächtnisleistung, die Stimmung, der Blutdruck und die Fettverbrennung des Körpers.[155] Menschen, die viel schlafen, erkranken seltener an Diabetes Typ 2, Alzheimer, Osteoporose und bestimmten Krebsarten. Unser Körper ist so konzipiert, dass er am besten funktioniert, wenn wir einen konstanten und vorhersehbaren Schlafrhythmus haben. Dazu gehört sowohl eine ausreichende Schlafdauer als auch eine gute Schlafqualität. Wer mehr über die damit verbundenen Einzelheiten erfahren möchte, sollte sich über „zirkadiane Rhythmen" informieren.

Schlechter Schlaf: Trotz der oben genannten eindeutigen Vorteile haben etwa 70 Millionen Menschen in den USA keine regelmäßige erholsame Nachtruhe.[156] Die CDC hat daher unzureichenden Schlaf als Problem der öffentlichen Gesundheit eingestuft. Schlechter Schlaf kann eine Rolle bei der Entwicklung von Erkrankungen spielen, die zu einem frühen Tod führen können (einschließlich Herzkrankheiten, Diabetes, Bluthochdruck und Fettleibigkeit). Schlaflosigkeit kann sich auch nachteilig auf die Gehirnfunktionen auswirken. Dies kann wiederum ein erhöhtes Risiko für die Entwicklung oder Verschlimmerung der

Alzheimer-Krankheit, andere Formen von Demenz sowie für Stimmungsstörungen wie Depressionen, PTBS und allgemeine Angstzustände verursachen.

Was führt zu einem schlechten Schlafrhythmus? Ein Problem, das Betroffenen eine gute Nachtruhe erschwert, ist die Tatsache, dass die USA und andere Industrieländer zunehmend dafür sorgen, dass die Bevölkerung bis spät in die Nacht (oder sogar die ganze Nacht) aufbleiben kann, da Lebensmittelgeschäfte und andere Geschäfte rund um die Uhr geöffnet haben.[157] Dies wirkt sich auch auf Migranten aus, da viele von ihnen in niedrigeren Positionen beschäftigt sind, die Schichtarbeit erfordern (z.B. in Fabriken und Lebensmittelgeschäften).

Internationale Studien haben die Auswirkungen der Verrichtung von Nachtschichten auf die Gesundheit, die Emotionen und das allgemeine Wohlbefinden von Menschen untersucht. Sie haben herausgefunden, dass nachts arbeitende Frauen im Vergleich zu nicht bei Nacht arbeitenden Frauen ein um 19 % erhöhtes Risiko haben, an Krebs zu erkranken.[158] Darüber hinaus ergab eine Untersuchung, die 61 Studien berücksichtigte und fast 4 Millionen Menschen aus Nordamerika, Asien und Australien einschloss, dass nachts arbeitende Frauen ein um 41 % höheres Risiko für Hautkrebs, ein um 32 % höheres Risiko für Brustkrebs und ein um 18 % höheres Risiko für Krebs im Verdauungssystem aufwiesen.[159]

Wechselschichten sind besonders problematisch. Forscher haben herausgefunden, dass Frauen, die mehr als fünf Jahre lang in Wechselschichten gearbeitet haben, ein bis zu 11 % höheres Risiko aufwiesen, vorzeitig zu sterben, als Frauen, die nie nachts gearbeitet haben. Tatsächlich hatten diejenigen, die mehr als 15 Jahre lang in Wechselschichten arbeiteten, ein 38 % höheres

Risiko, an einer Herzerkrankung zu sterben, als diejenigen, die nur tagsüber arbeiteten.[160]

Fallbeispiel von Dolores Rodriguez-Reimann:

In meiner klinischen Praxis war Schlaflosigkeit eine der vielen Beschwerden, mit denen meine Patienten zu kämpfen hatten. Das Thema Schlaf spielt eine große Rolle dabei, ihnen dabei zu helfen, *„ihr Leben zurückzubekommen"*. Dies wurde besonders deutlich, als ich vor etwa 18 Jahren einem Kollegen half, der sich auf die Betreuung von Arbeitsunfallopfern spezialisiert hatte. Wir mussten diesen Patienten helfen, mit den psychischen Folgen solcher Unfälle umzugehen.

Bei unserer anfänglichen Beurteilung ging es nicht nur darum, ihre psychischen Beschwerden zu bewerten, sondern auch um die chronischen Schmerzen (die in diesen Fällen oft eine wichtige Rolle spielen) sowie Schlaflosigkeit. In diesem Prozess war die Schlaflosigkeit ein wichtiger, zu berücksichtigender Faktor. Betroffene, die aufgrund von körperlichen Schmerzen, emotionalem Stress oder beidem keine gute Nachtruhe bekamen, hatten Probleme, tagsüber zu funktionieren. Sie hatten Konzentrationsprobleme, waren desorientiert und reizbar und dösten sogar zu potenziell gefährlichen Zeiten ein (z.B. beim Autofahren). Insofern wurde Schlaflosigkeit als ein wichtiger Faktor für das Verständnis und die Behandlung der Beschwerden eines Patienten gewertet.

ASPEKTE BEI DER BEHANDLUNG

BEHANDLUNGSHEMMNISSE / KULTURELLE ERWARTUNGEN

Barrieren beim Zugang zu Gesundheitsdienstleistungen: Aus vielen Berichten geht hervor, dass Migranten und weitere kulturell/sprachlich anders geprägte Gruppen nicht die psychische Gesundheitsversorgung erhalten, die sie benötigen. Einige Studien haben herausgefunden, dass dies größtenteils auf das Fehlen einer Krankenversicherung oder anderer finanzieller Mittel zurückzuführen ist.[104] Studien in den USA kamen jedoch zu dem Ergebnis, dass die Gesundheitsversorgung auch dann unzureichend sein kann, wenn die Finanzen (und damit der Abschluss einer Versicherung) kein Problem darstellen.[161] Tatsächlich gibt es viele Barrieren beim Zugang zu Gesundheitsdienstleistungen, einschließlich sozialer Tabus, der Angst, als „verrückt" abgestempelt zu werden, wirtschaftlicher Einschränkungen, Diskriminierung, Versuchen zum Minimieren oder Ignorieren von Beschwerden, mangelnder Informationen über verfügbare Dienstleistungen und schlechter Erfahrungen mit Gesundheitsdienstleistern.[162,163] Davon sind Kinder genauso betroffen wie Erwachsene.[164]

Es ist nicht weiter verwunderlich, dass unsere eigenen Untersuchungen ergeben haben, dass Migranten sich Gesundheitsdienstleister wünschen, die sie mit Höflichkeit und Respekt behandeln und ihnen die Dinge so erklären,

dass sie sie verstehen können. Zu den Problemen, die die
Gesundheitsversorgung einschränken, gehört eine schlechte
Behandlung durch medizinisches Personal und das Personal
am Empfang.[31] Unserer Erfahrung nach gibt das Personal
am Empfang oft den Ton für den Rest des Patientenbesuchs
an. Wenn Patienten bereits beim Betreten einer Klinik,
eines Krankenhauses oder einer anderen Praxis eine positive
Erfahrung machen, steigt die Wahrscheinlichkeit, dass sie die
benötigte Behandlung erhalten und annehmen.

Kulturell kompetenter werden: Was macht kulturell kom-
petente Dienstleistungen aus? Die Antwort auf diese Frage
erfordert die Berücksichtigung individueller (Patient -
Gesundheitsdienstleister), familiärer, organisatorischer, natio-
naler und internationaler Faktoren.

Unsere eigenen Untersuchungen ergaben, dass Gesundheitsdienstleister 1) die Bedeutung der Kultur ihrer Patienten und
2) das Potenzial persönlicher Vorurteile verstehen müssen, um
ihre Kompetenz steigern zu können. Darüber hinaus ist die erh-
altene praktische Bildung von Bedeutung. Der bloße Kontakt
zu einer kulturellen Gruppe garantiert nicht, dass man deren
Mitglieder versteht. Eine formellere Praxiserfahrung, bei der
Gesundheitsdienstleister Unterstützung und Anleitung erhalten, während sie mit kulturell und sprachlich unterschiedlichen Bevölkerungsgruppen arbeiten, ist hilfreich.[165]

In den USA haben eine Reihe von Organisationen Standards
für die Arbeit mit verschiedenen kulturellen Gruppen
veröffentlicht. Am bemerkenswertesten ist vielleicht, dass
das US Department of Health & Human Services, Office of
Minority Health, nationale Standards für kulturell und sprachlich angemessene Dienstleistungen (CLAS) entwickelt
hat.[166] Diese Standards bieten sowohl dem Einzelnen als auch

Organisationen eine Anleitung, wie sie effektiver arbeiten können. Viele Unternehmen und Kommunalverwaltungen nutzen
inzwischen die CLAS-Normen, um ihre Dienstleistungen zu
verbessern und zu überprüfen, wie effektiv ihre Bemühungen
sind.

Individuelle Ebene: Im Folgenden möchten wir einige
Überlegungen vorstellen, die Sie bei der Arbeit mit kulturell unterschiedlichen Patienten einbeziehen sollten. Einige
davon sind unabhängig von der Art der Behandlung hilfreich.
Dennoch konzentrieren sich die folgenden Beschreibungen auf
den Bereich psychische Gesundheit.

Sprach- und Dolmetscherdienste:

Folgende Fragen können gestellt werden: Wer erbringt diese
Dienstleistungen? Setzen wir professionelle Dolmetscher
oder Familienmitglieder ein? Kennen die professionellen
Dolmetscher die regionalen Dialekte derjenigen, denen wir
helfen wollen? Traditionell haben Dolmetscher versucht, Sätze
zu übersetzen und dabei ihre eigene Persönlichkeit so weit wie
möglich aus dem Prozess herauszuhalten. In jüngerer Zeit hat
sich die Vorstellung durchgesetzt, dass Dolmetscher auch als
Kulturvermittler fungieren können.[167] Im Wesentlichen klären
diese Art von Dolmetschern die spezifischen Bedeutungen und
den Kontext dessen, was ein Patient sagt, wenn der Dienstleister
mit solchen Kontexten nicht vertraut ist.

In unserer eigenen Praxis haben wir Beziehungen zu Leuten
in einer bestimmten Gemeinschaft aufgebaut, die für ihr
Vertrauen und ihre Führungsqualitäten bekannt sind. Diese
Personen können dabei helfen, die hilfebedürftigen Mitglieder
der Gemeinschaft zu den Gesundheitsdienstleistern zu

bringen, und dort dann als Dolmetscher bei Beurteilungs- und Behandlungssitzungen zu fungieren.

Die CLAS-Standards erkennen an, dass erwachsene Familienmitglieder manchmal die beste oder einzige Möglichkeit sind. Dies setzt jedoch voraus, dass die Gesundheitsdienstleister ein Gefühl dafür bekommen, welche Absichten dieser „Familiendolmetscher" in einer Familie verfolgt. Ist deutlich, dass das Familienmitglied sich eher um das Wohl des Patienten als um seine eigenen Interessen kümmert (wenn diese Interessen möglicherweise unterschiedlich sind)? Es sollte auch darauf hingewiesen werden, dass es niemals eine gute Idee ist, Kinder oder Jugendliche als Dolmetscher einzusetzen.

Diätetische Praktiken:

Was wir essen, hat einen erheblichen Einfluss auf unsere psychische Gesundheit. In vielen Kulturen bilden Nahrungsmittel und -ergänzungsmittel die Grundlage für traditionelle Heilmethoden. Um die Wirksamkeit einer Behandlung zu maximieren, ist es wichtig, dass die Gesundheitsdienstleister über alle vom Patienten angewendeten Substanzen, einschließlich der homöopathischen, informiert sind.

Wie Probleme beschrieben werden:

In manchen Fällen werden psychische Symptome auf körperlichen Begriffen beschrieben, da sie so wahrgenommen werden und gesellschaftlich akzeptierter sind. (In vielen Kulturen glaubt man, dass es besser ist, körperlich krank zu sein als „verrückt".) Unserer Erfahrung nach neigen die Betroffenen dazu, „verrückt" so zu interpretieren, dass sie psychotische Symptome wie Stimmen hören oder Dinge sehen, die nicht real sind. Emotionale Störungen, insbesondere als Reaktion auf Umweltstressoren, werden einfach als lästiger Teil ihres Lebens betrachtet, mit dem sie einfach leben lernen müssen. Sie werden nicht unbedingt als behandelbare Störungen angesehen. Aufgrund der weit verbreiteten Auffassung über psychische Erkrankungen geben die Betroffenen nicht gerne zu, dass sie unter Angstzuständen und depressiven Symptomen leiden. Sie können in der Regel jedoch Symptome wie Traurigkeit, Weinerlichkeit und Nervosität eingestehen, wenn sie direkt danach gefragt werden.

Achten Sie auf die Körpersprache:

Die einzelnen Sitten rund um den Augenkontakt, das Händeschütteln und andere Gesten variieren je nach kulturellen und religiösen Bräuchen. In den USA wird mit dem Zeigefinger auf den Kopf gezeigt, wenn jemand eine kluge Idee hatte. In manchen Teilen Europas bedeutet dieselbe Geste, dass man „einen Vogel hat" (d.h., dass man verrückt ist).

Familiendynamik und soziale Rituale:

Durch die Einwanderung und Akkulturation verändern sich die Familienrollen. Das kann sich darauf beziehen, wer am meisten Geld verdient und wer am schnellsten eine neue Sprache lernen kann. Plötzlich werden Kinder in der Familie gebraucht, damit die Eltern die Einheimischen verstehen können. Diese Verantwortung stellt eine Belastung für die Heranwachsenden dar, für die sie entwicklungsmäßig nicht bereit sind, und das verstört das traditionelle Familiensystem. Die Unreife und der Druck, den Minderjährige bereits verspüren, sind zwei von vielen Gründen, warum Gesundheitsdienstleister nicht auf Kinder und Jugendliche als Dolmetscher für ihre Eltern oder andere Erwachsene zurückgreifen sollten.

Sozioökonomischer Status:

Ähnlich wie bei der Familiendynamik kann sich auch der sozioökonomische Status durch die Migration verändern. Plötzlich betätigt sich der ehemalige Arzt, Anwalt oder eine andere hoch ausgebildete Fachkraft (eventuell nur vorübergehend) als Taxifahrer. Das kann eine gewisse Umstellung erfordern und wirkt sich wahrscheinlich auf das Selbstwertgefühl aus.

Geschlecht:

An der Suche nach einem Dienstleister mit dem gleichen Geschlecht wie der Patient kann dem Migranten besonderes gelegen sein, insbesondere bei körperlichen Fragen. Dies gilt oft unabhängig von der Kultur, kann aber unter Umständen mit besonderen religiösen oder gesellschaftlichen Tabus verbunden sein. Wie wir bereits in mehreren Abschnitten beschrieben haben, sind Frauen, die zwangsweise migriert sind, nur allzu oft in ihrem Heimatland oder während ihrer Reise zu ihrem Gastland vergewaltigt oder anderweitig sexuell ausgebeutet worden. Viele von ihnen fühlen sich wahrscheinlich wohler dabei, etwaige Beschwerden mit einer Frau statt mit einem männlichen Dienstleister zu besprechen.

Dabei ist zu beachten, dass offensichtliche Ähnlichkeiten zwischen einem Dienstleister und einem Patienten nicht automatisch eine Garantie für ein gutes Verhältnis zwischen ihnen sind. Beide Parteien sind nach wie vor Individuen und können unterschiedliche Meinungen und Ansichten haben. Unserer Erfahrung nach fühlen sich Patienten besonders betrogen, wenn ein Dienstleister, von sie annahmen, dass er „so ist wie ich", ihre Erwartungen nicht erfüllt.

Informieren über Dienstleistungen:

Wie informieren Gesundheitsdienstleister Betroffene über die verfügbaren Dienste? Welche Methoden funktionieren am besten, wenn wir versuchen, eine bestimmte Gemeinschaft durch Öffentlichkeitsarbeit und Bildung zu informieren? Zu vermitteln, dass die Dienstleistungen sicher und vertraulich sind, kann ein wichtiger Faktor sein, um Betroffene mit Gesundheitsdienstleistern zusammenzubringen. Es ist natürlich wichtig, Mitarbeiter zu haben, die die Sprache der jeweiligen Migrantengruppe sprechen.

Welche Diagnose- und Behandlungsmethoden gibt es?

Gesundheitsdienstleister für psychische Gesundheit müssen sich sicher sein, dass die von ihnen verwendeten Tests für Betroffene mit einem unterschiedlichen kulturellen Hintergrund geeignet sind. Dazu gehört auch die Verwendung der richtigen Sprache. Es lassen sich viele gute Fragen stellen. Wurden die Behandlungsmethoden beispielsweise bereits bei anderen der jeweiligen Migrantengruppe validiert? Gibt es tatsächliche Informationen darüber, dass eine Behandlung genaue Ergebnisse liefern wird? Ideal wäre eine Behandlung, die die Umstände und psychosozialen Reaktionen, mit denen viele Migranten konfrontiert sind, direkt und umfassend bewertet. Die Ermittlung der Stärken und Bedürfnisse eines Migranten in Bezug auf verschiedene Aspekte wie Stressoren, emotionales Funktionieren und berufliche Anforderungen kann die Grundlage für ein individuelles Dienstleistungsangebot bilden. Ein solcher Ansatz kann einem Migranten zum Erfolg verhelfen. Aus dieser Idee heraus haben wir das Successful Immigrant Resettlement Inventory (SIRI) entwickelt, ein Instrument, mit dem sich solche Merkmale feststellen lassen.

Organisatorische Ebene: Fragen, die sich die Verantwortlichen einer Einrichtung stellen können, sind unter anderem: Verfüge ich über professionelle Schulungsangebote, die meine Dienstleister und Mitarbeiter schulen und betreuen? Habe ich Zugang zu professionellen Dolmetschern, die die Sprachen (einschließlich regionaler Dialekte) abdecken, die meine Einrichtung zur Betreuung unserer Betroffenen benötigt? Sind meine Maßnahmen zur Personalbeschaffung und Förderung der Mitarbeiterbindung wirksam, um eine qualifizierte Belegschaft zusammenzustellen, die zu der von ihnen betreuten Bevölkerungsgruppe passt? Sind meine Dienstleister bereit und in der Lage, die Versorgung mit traditionellen Heilern zu koordinieren, wenn dies angebracht ist? Verfügt meine Einrichtung über praktikable Methoden zur Überprüfung der Behandlungsergebnisse und der Patientenzufriedenheit, damit etwaige Probleme erkannt und Verbesserungen vorgenommen werden können?

Internationale Ebene: Auf internationaler Ebene wird die Bedeutung der globalen Gesundheit durch wissenschaftliche Studien und das Eintreten für kulturelle Kompetenz hervorgehoben. Das bedeutet, dass wir die psychische Gesundheit im Kontext von migrierenden Bevölkerungsgruppen, von Vertreibung aufgrund des Klimawandels, von weltweiten wirtschaftlichen Beziehungen, die das Reisen erleichtern, und von anderen Faktoren verstehen müssen. Diese Perspektive plädiert für interdisziplinäre Ansätze, die epidemiologische, kulturelle, finanzielle, ökologische, ethnische, politische und rechtliche Aspekte miteinander verbinden. Sie berücksichtigt, dass wir in einer vernetzten Welt leben, in der Gesundheit und Wohlbefinden eher eine globale als eine länderspezifische Problematik ist.[168]

Internationale Erfahrungen rücken in vielen Universitäten und akademischen Disziplinen in den Mittelpunkt. Es ist naheliegend, dass dieser Ansatz auch in Bereichen des Gesundheitswesens angewandt werden kann.[169,170] So ist davon auszugehen, dass z.B. die medizinische Anthropologie wahrscheinlich weiterhin bedeutende Forschungsbeiträge in diesen Bereichen leisten kann.

Der Weg nach vorn: Wie können wir unsere Kenntnisse darüber erweitern, wie wir unsere Dienstleistungsansätze in kultureller Hinsicht effektiver gestalten können? Eine Möglichkeit besteht darin, unsere Forschungsmethoden zu hinterfragen. In der psychologischen Forschung wird traditionell ein Ansatz verwendet, der Daten (Zahlen) erzeugt, die in statistische Analysen einfließen können. Diese Methode setzt jedoch voraus, dass wir im Vorfeld die richtigen Fragen kennen. Was geschieht im Falle von Bevölkerungsgruppen, für die nur wenige Forschungsergebnisse vorliegen? Dazu einige Ideen:

Es wurde viel über die Anwendung einer „evidenzbasierten Praxis" diskutiert. Im Klartext: Wir sollten wissenschaftlich bewährte Methoden anwenden. Das ist ganz offensichtlich sinnvoll. Doch wie oben beschrieben, gibt es Zeiten, in denen wir einfach nicht über ausreichend Kenntnisse verfügen, um dies bei kulturell unterschiedlichen Gruppen umzusetzen. Gleichzeitig erwerben die Dienstleister durch die Arbeit mit verschiedenen Migrantengruppen immer neue Kenntnisse. Daher haben sich einige Forscher dafür ausgesprochen, Informationen darüber zu sammeln, was bei den Dienstleistern an vorderster Front gut funktioniert, insbesondere bei denen, die im Bereich der psychischen Gesundheit mit Migranten und Flüchtlingen arbeiten. Dies wird manchmal als „praxisbezogene Evidenz" bezeichnet.[171]

In diesem allgemeinen Kontext können Forscher das anwenden, was manchmal als Mixed-Methods-Ansatz bezeichnet wird.[172] Forscher gewinnen Erkenntnisse über eine Gemeinschaft durch strukturierte, aber offene Gespräche mit ihren Mitgliedern. Daraus ergeben sich die spezifischen Fragen, die in Folgestudien mit quantitativen (zahlenbasierten) Methoden gestellt werden müssen.[173]

Das ultimative Organisationsmodell, für das wir eintreten, kombiniert die Behandlung mithilfe der Gemeinschaften mit Forschung. Zugunsten der Forschungskomponente können therapeutische Einrichtungen mit Universitäten zusammenarbeiten. Im Idealfall integriert die Gesundheitseinrichtung psychische, allgemeine, zahnmedizinische, umweltbezogene und öffentliche Gesundheit in einem zusammenhängenden System. Wissenschaftliche Mitarbeiter testen das System dann auf verschiedene Weise, und die jeweilige Gesundheitseinrichtung nutzt die Untersuchungsergebnisse zur Verbesserung ihrer Dienstleistungen. Dies findet nicht einmalig statt, sondern ist ein fortlaufender Prozess, der die Effektivität der Gesundheitseinrichtung kontinuierlich verbessert.

Fallbeispiel von Joachim Reimann:

Hier ist ein Beispiel dafür, wie Patienten reagieren können, wenn sie das Gefühl haben, dass ihr Therapeut oder ein anderer Gesundheitsdienstleister sie und ihren kulturellen Kontext versteht.

Ich hatte mehrere Monate lang mit einem somalischen Flüchtlingspaar gearbeitet. Sie waren über 60 Jahre alt und nicht gerade in bester körperlicher Verfassung. Die Frau litt aufgrund traumatischer Bürgerkriegserlebnisse in ihrem Herkunftsland an einer schweren PTBS. Der

Ehemann bemühte sich, die Familie zu versorgen, was ihm aber schwerfiel.

Eine verbreitete Annahme ist, dass die somalische Bevölkerung aufgrund kultureller Stigmata und mangelnden Wissens über psychische Gesundheit keine psychiatrischen Dienstleister aufsucht, geschweige denn deren Dienste in Anspruch nimmt. Dieses Ehepaar entschied jedoch, dass ich „sicher" sei, und arbeitete hart daran, ihre emotionale Verfassung zu verbessern.

Allerdings wurde die Anreise zu unserer klinischen Praxis ab einem gewissen Punkt zu einem Problem. Ihr Auto hatte den Geist aufgegeben. Statt einen Termin ausfallen zu lassen, beschlossen sie, den Bus zu nehmen. Leider kannte sich das Ehepaar nicht mit den öffentlichen Verkehrsmitteln aus und wurde etwa fünf Meilen von meinem Büro entfernt abgesetzt. Statt aufzugeben, nahmen sie ihrem Termin zu spät und außer Atem, aber gut gelaunt dennoch wahr.

Wir konnten ihr Problem für künftige Besuche dadurch lösen, dass wir ihnen die beste Busverbindung heraussuchten (die sie auf dem Bürgersteig direkt vor meinem Büro absetzte). Das Wichtigste war jedoch, dass ich große Wertschätzung und Respekt für das Ehepaar empfand, das aus einer Kultur stammte, die angeblich keine psychiatrischen Dienstleistungen in Anspruch nimmt, und das sich trotz der Hindernisse, auf die es gestoßen war, dafür entschieden hatte, ihren Therapietermin wahrzunehmen.

Es gibt also auch Zeiten, in denen die Therapie ungewöhnliche Ansätze beinhalten muss. Dazu ein Beispiel:

Vor einigen Jahren habe ich mit einer Frau aus Kenia gearbeitet. Sie war freundlich und schien motiviert, ihre Lebensumstände zu verbessern. Aber sie konnte weder lesen noch schreiben. Darüber hinaus hatte sie große Probleme, sich zu konzentrieren.

Auch wenn sie weder lesen noch schreiben können, lernen die meisten Menschen aus ostafrikanischen Ländern zumindest einen ihrer Namen zu schreiben. Sie lernen nicht wirklich zu schreiben, sondern lernen die Zeichen auswendig, die den Namen buchstabieren. So können sie Dokumente „unterschreiben" und andere Angelegenheiten erledigen. Diese Frau hatte jedoch nicht einmal das erlernt. Bei der Beschreibung ihrer Bemühungen, ihren Namen schreiben zu lernen, sagte sie, dass sie zwar eine Einrichtung für Erwachsenenbildung besucht habe, aber nicht in der Lage gewesen sei, ihr Ziel in dem dort angewendeten Unterrichtsformat zu erreichen.

Aber an der Fähigkeit, ihren Namen schreiben zu lernen, war ihr sehr viel gelegen. Daher verbrachten wir in mehreren Sitzungen einen Teil der Zeit damit, das Schreiben zu üben. Der Prozess war nicht einfach für sie, aber sie gab nicht auf und schließlich schaffte sie es.

War ich Therapeut oder war ich Lehrer? Ich diente als beides zugleich. Für die meisten Menschen stellt ihr Name den Kern ihrer persönlichen Identität dar. Damit präsentieren wir uns dem Rest der Welt. Die Unfähigkeit, ihren Namen zu Papier zu bringen, hatte die Möglichkeiten dieser Frau eingeschränkt, sich ausdrücken zu können. Das Erlernen dieser einen Fähigkeit war für sie ein Schritt nach vorn, nicht nur in praktischer

Hinsicht, sondern auch in Bezug auf ihre grundlegende Identität und ihre Beziehungen zu anderen. Das trug dazu bei, ihre emotionale Leistungsfähigkeit zu verbessern.

DIE ROLLE VON SPIRITUALITÄT UND RESILIENZ

Die Entwicklung von Resilienz und emotionaler Intelligenz ist der Schlüssel zur erfolgreichen Integration von Migrantengemeinschaften. Und das lässt sich durchaus erreichen. Umfangreiche Studien konnten zeigen, dass manche Betroffene, die traumatischen Umständen ausgesetzt waren (im Herkunftsland, als Teil ihrer Migrationserfahrung und/oder in der „neuen Wahlheimat"), schwere und langanhaltende emotionale Reaktionen zeigen, während andere dies nicht tun.

Warum können sich die einen anpassen und andere nicht? Psychische Widerstandsfähigkeit wird definiert als die mentale und emotionale Fähigkeit, eine Krise zu bewältigen. Resiliente Betroffene sind eher in der Lage, in einer Krise die Ruhe zu bewahren, dieser wirksam zu begegnen und so langfristige negative Folgen zu vermeiden. Es überrascht nicht, dass Migranten mit einer höheren Resilienz eher von traumabedingten Belastungen verschont bleiben.[174]

In der Psychologie hat man festgestellt, dass Spiritualität ein Element sein kann, das Betroffenen zu mehr Resilienz verhilft, wenn diese einen beruhigenden Einfluss hat.[175] Dies ist nicht auf eine bestimmte Form von Religion oder Spiritualität beschränkt, sondern gilt unabhängig von einem bestimmten Glauben oder einer bestimmten Philosophie. In einer Studie wurde beispielsweise belegt, dass bei Betroffenen südasiatischer Abstammung in den USA durch das Praktizieren von Yoga ein Gefühl der Dankbarkeit erreicht werden konnte; Spiritualität und ein besserer emotionaler und allgemeiner Gesundheitszustand sind miteinander verbunden.[32] Bei unseren eigenen Recherchen konnten wir feststellen, dass Betroffene aus Ländern des Nahen Ostens und Ostafrikas eher Trost im Gebet erfuhren.[31]

Spiritualität und Heilung sind historisch eng miteinander verbunden. Verschiedene traditionelle Heiler wie die *Curanderos* in Lateinamerika kombinieren beispielsweise traditionelle indigene medizinische Praktiken mit religiösen Ritualen. Auch in Europa sind Glaube und Heilung eng miteinander verbunden.

Beispiel von Joachim Reimann:

Im Folgenden ein Beispiel aus meiner eigenen Familiengeschichte. Meine Tante, Ingeborg Reimann, wuchs in den späten 1920er und frühen 1930er Jahren in Deutschland auf. Als sie volljährig wurde, trat Ingeborg in eine Art protestantische Schwesternschaft ein. Dort wurde sie als *„Krankenschwester"* berufen. Diesen Beruf übte sie für den Rest ihres Lebens aus. Im Laufe der Zeit leistete sie während des Zweiten Weltkriegs medizinische Dienste in Krankenhäusern und war später viele Jahre in Lissabon, Portugal, stationiert.

Die Krankenschwestern und -pfleger in Deutschland nennt man jetzt in der Regel *Krankenpfleger* (männlich) oder *Krankenpflegerin* (weiblich). Dies spiegelt die Professionalisierung der Pflegeberufe in Europa wider. Der traditionellere Begriff „Schwester" verdeutlicht jedoch die enge Verbindung zwischen den religiösen Einrichtungen und der Krankenpflege. Dies wird natürlich auch durch die lange und wichtige Geschichte der katholischen Nonnen betont, die die Versorgung der Kranken übernahmen und teilweise immer noch übernehmen.

Sich allgemein auf die Spiritualität in der Familie und in der Gemeinschaft auszurichten, kann ebenfalls hilfreich sein. Sie kann Betroffenen helfen, psychische Störungen im Kontext religiöser oder spiritueller Interpretationen zu bewerten.[176] Wenn solche Interpretationen positiv und unterstützend sind, können sie Teil eines Heilungsprozesses sein.[177]

Darüber hinaus wenden sich einige Migranten an geistliche Vertreter ihres Glaubens, wenn sie sich in einer psychischen Notlage befinden. Geistliche sind nicht unbedingt Fachleute für psychische Gesundheit. Unserer Erfahrung nach[31] können sie ihre Gemeindemitglieder jedoch ermutigen, bei Bedarf professionelle Hilfe in Anspruch zu nehmen. Solche Maßnahmen in einen religiösen Kontext zu stellen, kann kulturelle Tabus reduzieren und dafür sorgen, dass sich die Betroffenen von offizieller Stelle unterstützt fühlen und sich in Behandlung begeben. In einer wissenschaftlichen Studie wurde dieser Ansatz als wirksam bestätigt.[178] Eine britische Studie ergab beispielsweise, dass 60 % bis 80 % der Geistlichen Betroffenen in Not an Fachleute für psychische Gesundheit verweisen.[179]

Ein weiteres Konzept, das zu berücksichtigen ist, wird als „emotionale Intelligenz" bezeichnet. Diese Art von Resilienz wird durch die Fähigkeit gefördert, sich seiner Emotionen bewusst zu sein, sie zu kontrollieren und wirksam auszudrücken. Diese Fähigkeit erhöht die Wahrscheinlichkeit, dass wir in der Lage sind, überlegt und einfühlsam mit zwischenmenschlichen Beziehungen umzugehen. Häufig wird davon ausgegangen, dass emotionale Intelligenz fünf grundlegende Komponenten

umfasst: Selbsterkenntnis, Selbstregulierung, interne
Motivation, Empathie und soziale Fähigkeiten.

Emotionale Intelligenz ist, kurz gesagt, die Fähigkeit, eine
ehrliche Bewertung der Art und Weise vorzunehmen, wie eine
Person Dinge tut, und ob diese aktuell angewandten Methoden
funktionieren. Der bekannte Psychiater namens William
Glasser[180] fragte kurz und bündig: „Was tun Sie und funktioniert es?" Wenn die Antwort lautet: „Es funktioniert nicht",
sollten Sie etwas anderes tun. Die zugrunde liegende Prämisse
ist, dass Menschen die Macht und die Verantwortung haben,
bessere Entscheidungen zu treffen. Eine damit zusammenhän-
gende Frage, die man sich stellen sollte, ist: Ist es hilfreich, sich
aufzuregen, um ein Problem zu lösen? Es gibt viele Ereignisse
im Leben, die man nicht kontrollieren kann. Aber wenn wir die
Verantwortung für die Dinge übernehmen, die wir beeinflussen
können, können wir Betroffene besser unterstützen.

Schließlich ist auch das Konzept des Selbstwertgefühls wichtig.
Oxford Languages definiert den Begriff Selbstwertgefühl als
„Vertrauen in den eigenen Wert oder die eigenen Fähigkeiten;
Selbstachtung". Ein positives Selbstwertgefühl wird mit dem
Erfolg beim Erwerb neuer Kenntnisse[181] und beim Aushandeln
persönlicher Beziehungen in Verbindung gebracht.[182]
Menschen mit einem realistischen Selbstwertgefühl sind auch
seltener bereit, Straftaten zu begehen. Darüber hinaus wurde
Selbstwertgefühl mit Lebenszufriedenheit, der Motivation, hart
zu arbeiten, um erfolgreich zu sein, und der Fähigkeit, Stress zu
bewältigen, in Verbindung gebracht. Dies sind natürlich alles
Eigenschaften, die Migranten helfen können, sich anzupassen.

Umgekehrt neigen Betroffene mit geringem Selbstwertgefühl
dazu, sich für unzulänglich zu halten, wenn sie kein Geld, keine
Liebe und keine anderen Dinge erreichen. Sie halten es für

unwahrscheinlich, dass sie diese Erfolge durch ihre Arbeit erreichen können.[183]

Wie können Betroffene ihr Selbstwertgefühl steigern? Ein wichtiger Faktor ist, dass Betroffene sich zunächst einmal selbst realistisch wahrnehmen müssen. Personen mit einem gesunden Selbstwertgefühl glauben nicht daran, dass sie nur deshalb großartig sind, weil sie existieren. Erfolg ist kein angeborenes Recht, man muss es sich erarbeiten. Aber Menschen sind im Allgemeinen zum Erfolg fähig, wenn sie sich entsprechend anstrengen. Wenn sie nach dieser Prämisse handeln, werden sie wahrscheinlich positive Ergebnisse erzielen und ihr Selbstwertgefühl stärken.

Die amerikanische Mayo Clinic[184] empfiehlt, dass wir unser negatives oder ungenaues Denken in Frage stellen müssen, um mehr Selbstwertgefühl und Selbstvertrauen zu entwickeln. Negatives und unrealistisches Denken umfasst:

1. *Situationen völlig einseitig zu betrachten.* Sie sind entweder großartig oder ganz furchtbar. Mit anderen Worten: Wenn ich etwas nicht perfekt mache, habe ich versagt.

2. *Auf negativen Umständen herumreiten:* Wenn ich zum Beispiel einen Fehler mache, wird jeder sagen, dass ich ein Versager bin. Dazu kann auch gehören, dass Leistungen unterschätzt werden, weil sie „zu leicht" waren

Positivere Alternativen sind:

1. *Angemessene Anforderungen an sich selbst stellen.* Wenn man ständig die Worte „sollte" und „muss" verwendet, setzt man sich selbst wahrscheinlich zu sehr unter Druck.

2. *Fehler als Lernerfahrungen betrachten.* Erfolgreich zu sein ist nichts Schlechtes. Allerdings lernen wir auf diese Weise keine neuen Fähigkeiten. Der Pädagoge John Dewey[185] sagt sogar, dass Scheitern für den Lernprozess unerlässlich ist.

Dies gilt umso mehr, wenn man Misserfolge realistisch einschätzt, das Feedback anderer berücksichtigt und seine Analysefähigkeiten nutzt, um es beim nächsten Mal besser zu machen.

Die obigen Beispiele sind nicht erschöpfend, wir haben nur einige herausgegriffen. Sie vermitteln jedoch einige grundlegende Strategien, die hilfreich sein können.

ÜBERSCHNEIDUNG VON RECHTLICHEN UND PSYCHOLOGISCHEN ASPEKTEN

Wir sind zwar keine Rechtsanwälte, aber Psychologen können bei einer Reihe von Rechtsangelegenheiten behilflich sein. Es gibt mehrere Gesetze zur Einwanderungsregeln in die USA sowie zur Erlangung der Staatsbürgerschaft, die die Berücksichtigung des psychologischen Status einer Person bei der jeweiligen Entscheidung zulassen. Dazu einige Beispiele, ohne jeglichen Anspruch auf Vollständigkeit. (Für konkrete rechtliche Informationen sollte man einen Einwanderungsanwalt konsultieren.)

Gesetze zu politischen Asylanträgen: Wie in diesem Buch beschrieben, glauben einige Migranten, dass sie gezwungen sind, aus ihrem Heimatland zu fliehen, weil ansonsten ihr Leben in Gefahr sei. Dabei kann es sich um politische, ethnische und religiöse Verfolgung handeln. Solche Migranten waren in ihrem Herkunftsland möglicherweise Gefangenschaft, Folter, Kriegstraumata, Gewaltverbrechen und anderen gefährlichen Umständen ausgesetzt.

Angesichts der chaotischen Umstände in ihrem Heimatland haben viele Asylbewerber Probleme bei der Dokumentation ihrer Erlebnisse, um nachzuweisen, dass diese wirklich passiert sind. Psychologische Gutachten können in solchen

Fällen Aufschluss über die Schwere der Symptome geben und darüber, ob diese Symptome bekanntermaßen mit den von den Asylbewerbern geschilderten Umständen zusammenhängen oder nicht.

Gesetze verhindern die Abschiebungen, wenn einem amerikanischen Bürger durch die Abschiebung besondere und extreme Härten drohen: Bei „extremen Härtefällen" handelt es sich in der Regel um Situationen, in denen ein oder mehrere unmittelbare Familienangehörige (z.B. der Ehepartner) eines amerikanischen Bürgers oder eines dauerhaft Aufenthaltsberechtigten in den USA von der Abschiebung bedroht sind. Amerikanische Staatsbürger oder Personen mit gültigem Aufenthaltsstatus für die USA können einen Antrag auf Befreiung von der Abschiebung stellen, da die Abschiebung einen extremen und außerordentlichen Härtefall für den Bürger oder die Personen mit gültigem Aufenthaltsstatus darstellen würde. Dazu gehören auch die Härtefälle, bei denen die Person mit gültigem Aufenthaltsstatus in das Herkunftsland des abgeschobenen Verwandten umziehen würde.

> **Fallbeispiel von Dolores Rodriguez-Reimann:**
> Der Vater einer Familie war von Abschiebung bedroht. Die Mutter (eine amerikanische Staatsbürgerin) war auf seine wirtschaftliche und emotionale Unterstützung angewiesen. Darüber hinaus hatte eines der Kinder des Ehepaares (ebenfalls amerikanischer Staatsbürger) besondere Bedürfnisse, die spezielle Bildungsprogramme und medizinische Unterstützung erforderten. Es war unwahrscheinlich, dass diese Art der Unterstützung im Herkunftsland des Vaters zur Verfügung stehen würde. Kein Wunder also, dass beide Eltern verärgert darüber

waren, dass die Abschiebung des Vaters schwerwiegende Konsequenzen für ihr Kind mit besonderen Bedürfnissen und für die ganze Familie haben würde. Ein psychologisches Gutachten konnte belegen, dass 1) die Mutter vor der drohenden Abschiebung keine psychischen Beschwerden hatte, 2) dass sie jetzt aufgrund dieser Bedrohung unter erheblichen und klinisch diagnostizierbaren emotionalen Störungen litt und 3) dass sich diese Störungen wahrscheinlich verschlimmern würden, wenn ihr Stress im Zusammenhang mit der möglichen Abschiebung nicht aufhören würde.

Gesetze, die es Migranten ermöglichen, in den USA zu bleiben, wenn sie von ihrem Ehepartner oder auf andere Weise missbraucht wurden: In den USA gibt es ein Gesetz zur Gewalt gegen Frauen (Violence Against Women Act, VAWA), das eigentlich für Menschen aller Geschlechter gilt. Ein Beispiel: Eine Person aus einem anderen Land heiratet einen amerikanischen Staatsbürger oder eine Person mit ständiger Aufenthaltsgenehmigung. Die Person erlebt dann häusliche Gewalt durch den neuen Ehepartner und beantragt die Scheidung oder Trennung. Die misshandelte Person kann einen VAWA-Antrag stellen, sofern die Auflösung der Ehe mit häuslicher Gewalt und/oder Missbrauch zusammenhängt. Der Missbrauch selbst kann verbal, körperlich, sexuell und/oder psychisch sein. In solchen Fällen können psychologische Gutachten die emotionalen Folgen des Missbrauchs dokumentieren.

Fallbeispiel von Joachim Reimann:
Ein männlicher amerikanischen Staatsbürger fand eine Internetseite, auf der potenzielle Ehepartnerinnen in einem osteuropäischen Land aufgelistet waren. Er

begann mit einer der Frauen zu korrespondieren und reiste schließlich in ihr Land, um sie persönlich zu treffen. Das anschließende Umwerben schien gut zu verlaufen, und die Frau heiratete ihn schließlich. Doch als das Paar in den USA war, verschlechterte sich ihre Beziehung. Der Ehemann bedrohte und schlug sie. Um sie zum Schweigen zu bringen, erklärte er ihr, dass sie als Einwohnerin ohne amerikanische Staatsbürgerschaft keine Rechte in den USA habe und er sie jederzeit ausweisen oder nach Belieben benutzen könne. In der Zwischenzeit war der Mann bereits auf der Suche nach anderen Frauen auf derselben Internetseite, auf der er seine Frau gefunden hatte. Glücklicherweise erstattete die Ehefrau Anzeige gegen ihren Ehemann. Schließlich dokumentierte ein psychologisches Gutachten die emotionale Belastung, die ihr Ehemann ihr zugefügt hatte.

Ein ähnliches Verfahren wird in den USA als „U VISA" bezeichnet Hierdurch erhalten Migranten ohne Papiere, die in den USA Opfer eines schweren Verbrechens geworden sind, einen legalen Status. Zu diesen Straftaten können sexueller Missbrauch, häusliche Gewalt, unfreiwillige Dienstbarkeit, sexuelle Ausbeutung, Entführung, Menschenhandel und Vergewaltigung gehören. Wenn sie ein U-Visum erhalten, können die Migranten bis zu vier Jahre in den USA bleiben und arbeiten. Darüber hinaus können sie nach drei Jahren einen Antrag auf eine Daueraufenthaltsgenehmigung stellen. Wie in anderen oben beschriebenen Fällen können psychologische Gutachten die emotionale Notlage eines U-Visum-Antragstellers aufgrund von Missbrauch dokumentieren.

Kriterien zur Erlangung der amerikanischen Staatsbürgerschaft: Zur Erlangung der amerikanischen Staatsbürgerschaft gibt es viele Kriterien. Dazu gehört die Fähigkeit, Englisch zu sprechen, zu lesen und zu schreiben. Darüber hinaus müssen die Bewerber einen Test bestehen, in dem Fragen zur amerikanischen Geschichte, zur Regierung und zu anderen staatsbürgerlichen Themen gestellt werden. Mit diesen Tests wird festgestellt, ob ein Bewerber in der Lage ist, die amerikanische Gesellschaft zu verstehen und an ihr teilzuhaben.

Manchmal gibt es jedoch medizinische Gründe, warum ein Bewerber diese Tests nicht erfolgreich absolvieren kann. Dazu gehören Entwicklungsverzögerungen, Psychosen und Probleme, sich neue Informationen zu merken. Da diese Erkrankungen in der Regel in den Bereich der psychischen Gesundheit fallen, können Psychologen hinzugezogen werden, um die Gründe zu überprüfen, warum ein Migrant ganz ohne eigenes Verschulden nicht in der Lage ist, diese Art von Tests zu bestehen.

Fälle mit psychotischen Symptomen (wie Schizophrenie oder Demenz) oder Entwicklungsverzögerungen sind relativ einfach zu dokumentieren. Kognitive Tests können aufzeigen, wie solche Behinderungen die Lernfähigkeit einer Person beeinträchtigen. Es gibt aber auch andere Situationen, in denen ein Antragsteller die Einbürgerungstests nicht bestehen kann. Hier ein Beispiel:

> **Fallbeispiel von Joachim Reimann:**
> Ein weiblicher Flüchtling kam in meine Praxis. In ihrem Heimatland hat sie ein schweres Trauma erlebt. Während des dortigen Bürgerkriegs wurde sie in ihrem Haus überfallen, auf den Kopf geschlagen und vergewaltigt. Dabei verlor sie das Bewusstsein. Mehrere ihrer

Verwandten wurden getötet. Die Frau floh daraufhin aus ihrem Land und verbrachte mehrere Jahre in einem Flüchtlingslager. Die medizinische Versorgung in ihrem Heimatland und im Lager war, wenn überhaupt, sehr einfach. Folglich erhielt sie keine Diagnose, um festzustellen, ob der Schlag auf ihren Kopf zu einer traumatischen Hirnverletzung geführt hatte. Insgesamt wurde sie lediglich notdürftig behandelt.

Als sie sich in meiner Praxis vorstellte, war diese Frau sehr zurückhaltend. Sie litt unter deutlichen Anzeichen einer PTBS. Sie hatte erhebliche Schlafprobleme, zum Teil, weil die ständigen und aufdringlichen Gedanken an ihre Erlebnisse sie ängstlich machten und wach hielten. Ihre Verwandten ließen sie nicht allein aus dem Haus gehen, weil sie sich leicht verirrte, obwohl sie schon seit mehreren Jahren in ihrem jetzigen Wohnviertel lebte. Sie hatte versucht, in einer Einrichtung für Erwachsenenbildung Englisch zu lernen, aber ohne Erfolg.

Kurzum, die Frau hatte große Probleme, sich neue Informationen zu merken oder sich an vor kurzem zugetragene Ereignisse zu erinnern. Auch wenn keine traumatische Hirnverletzung vorlag, waren diese Beschwerden doch chronisch. Es war nicht so, dass sie ihr grundlegendes Erinnerungsvermögen verloren hätte. Vielmehr hatte sie große Schwierigkeiten, sich zu konzentrieren. Da sie sich dadurch nicht auf ihre unmittelbare Umgebung konzentrieren konnte, konnte sie sich einfach nicht daran erinnern, worauf sie eigentlich achten sollte. Wenn dieser Umstand erklärt und dokumentiert wird, kann in den USA eine Befreiung von den

Testanforderungen in den Fächern Englisch, Geschichte und Staatsbürgerkunde erwirkt werden.

Die spezifischen Einwanderungsgesetze und richtlinien sind von Land zu Land sehr unterschiedlich. Innerhalb der Europäischen Union hat es jedoch Bemühungen gegeben, besser integrierte und kohärente Gesetze in den Mitgliedsstaaten zu entwickeln. Mit dem Vertrag von Lissabon[186] aus dem Jahr 2009 wurden beispielsweise einheitliche Regeln für die Asylkriterien, den Flüchtlingsschutz, die Zuständigkeiten der einzelnen EU-Länder bei der Prüfung von Asylanträgen und für die Partnerschaften der EU mit Nicht-EU-Ländern geschaffen. Im Vereinigten Königreich enthält der Nationality, Immigration and Asylum Act 2002[187] die Bestimmungen zu Staatsangehörigkeit, Einwanderung und Asyl. Darin werden auch die Straftatbestände definiert, die den internationalen Handel mit Prostitution angehen. Genau wie in den USA können psychologische Gutachten und Berichte bei Einwanderungsfällen vorgelegt werden. Dazu gehören Asylanträge sowie Fragen zum Wohnsitz, zur britischen Staatsbürgerschaft und zu den Auswirkungen einer Abschiebung.

Ein weiterer Bereich, in dem psychologische Gutachten in der amerikanischen Rechtsprechung verwendet werden, ist die Verletzung eines Arbeitnehmers bei der Arbeit. Dies ist ein wichtiges Thema für Migranten, da, wie bereits erwähnt, viele von ihnen in körperlich anstrengenden Berufen tätig sind, in denen die Verletzungsgefahr größer ist. In den USA ist das Worker's Compensation-System eine Art Versicherung, die für die medizinische Behandlung von verletzten Arbeitnehmern aufkommt. Es umfasst auch andere Leistungen. Aber das System ist äußerst komplex und spezialisiert. Diese Situation wird noch komplizierter, weil die Gesetze zur Entschädigung von Arbeitnehmern (Worker's Compensation, WC) von einem amerikanischen Bundesstaat zum anderen sehr unterschiedlich gehandhabt werden. Aufgrund dieser vielen Vorschriften erstellen nur relativ wenige Gesundheitsdienstleister für die psychische Gesundheit psychologische Beurteilungen oder Behandlungen in Workers' Compensation-Fällen. In Kalifornien haben einige Dienstleister eine spezielle Zertifizierung. Sie werden als Qualified Medical Evaluators (QME) bezeichnet. QMEs nehmen eine Beurteilung vor, wenn der Arbeitgeber und der verletzte Arbeitnehmer sich nicht über die Ursache, die Schwere oder den Behandlungsbedarf einer Verletzung einig sind. Einer von uns (Joachim) ist ein solcher QME. Die andere (Dolores) hat auch eine Reihe von psychisch geschädigten Arbeitnehmern behandelt. Unsere Erfahrung zeigt, dass viele der Arbeitnehmer, denen wir begegnet sind, nur wenig oder gar kein Englisch sprechen. Angesichts der Komplexität des Workers' Compensation-Systems ist es wichtig, dass Betroffene eine kulturell wirksame Behandlung und Rechtsberatung erhalten.

BEHANDLUNGSMETHODEN

In anderen Teilen dieses Buches (wie auch in unserem ersten Buch dieser Themenreihe) befassen wir uns mit der Bedeutung von kultureller Kompetenz bei der Behandlung von Migrantengruppen. In Anbetracht des Umfangs und des Schwerpunkts dieses Buches wird weder ein detaillierter historischer Überblick über die Bereiche Psychiatrie und Psychologie gegeben, noch wird auf die einzelnen Theorien eingegangen, auf denen die Behandlung beruht. Im Folgenden wird jedoch eine grundlegende Übersicht über die derzeit angewandten Behandlungen und die Dienstleister dieser

Behandlungen gegeben. Unsere Hauptanliegen ist es, die wichtigsten Informationen zusammenzutragen, für den Fall, dass Sie, ein Freund, ein Familienmitglied oder ein Patient solche Dienstleistungen benötigen.

Viele unserer Patienten haben uns ihre Verwirrung über die verschiedenen Personen, die Hilfe anbieten, geschildert. Was ist der Unterschied zwischen einem Psychiater und einem Psychologen? Was ist mit den anderen Leuten, die sagen, dass sie eine Form von Therapie anbieten? Zunächst werden wir die verschiedenen Arten von möglichen Anbietern der psychosozialen Dienstleistungen beschreiben. In einigen Fällen ist dies von Land zu Land unterschiedlich.

In den USA gibt es viele verschiedene Dienstleister für psychosoziale Dienstleistungen. Für einige von ihnen gibt es vergleichbare Fachleute in anderen Teilen der Welt. Hier ist ein Überblick über die gängigsten Arten von Dienstleistern.

Psychiater: Dabei handelt es sich um Ärzte. In den USA weisen sie einen entsprechenden Abschluss als M.D. (Doctor of Medicine) oder D.O. (Doctor of Osteopathic Medicine) auf. Nach Abschluss des Medizinstudiums absolvieren die Psychiater in der Regel eine dreijährige Assistenzzeit in der Psychiatrie. Außerdem legen sie Prüfungen ab, damit sie legal praktizieren können. Psychiater können Medikamente verschreiben und auch eine Psychotherapie durchführen. Tatsächlich sind viele Therapien durch Psychiater entwickelt worden. Doch derzeit konzentrieren sich die meisten Psychiater nach einer ersten Beurteilung fast ausschließlich auf die Medikation. Die Anforderungen für die Zulassung zum Psychiater sind in vielen anderen Ländern ähnlich wie in den USA, wenn auch nicht genau gleich.[188]

Klinische Psychologen: In den USA haben diese Dienstleister einen Doktortitel in Psychologie erworben. Spezifische Abschlüsse können ein Ph.D. (Doktor der Philosophie) oder ein Psy.D. (Doktor der Psychologie) sein. Darüber hinaus haben einige einen Ed.D. (Doctor of Education) mit dem Schwerpunkt Psychologie und Psychotherapie erworben. In der Vergangenheit gab es einige wenige amerikanischen Bundesstaaten, in denen Personen mit einem Master-Abschluss als Psychologen zuge-lassen wurden. In einigen Staaten können Personen mit einem Master-Abschluss unter der Aufsicht eines zugelassenen Psychologen praktizieren. Insgesamt ist der Doktortitel jedoch die Grundvoraussetzung für die Zulassung und die klinische Praxis.

Neben dem Erwerb des Doktortitels absolvieren Psychologen in der Regel ein Jahr (oft 1.500 Stunden) fachlich betreuter klinischer Praxis, bevor sie ihre Zulassung erhalten.

Unter den Psychologen, die irgendeine Form der Beurteilung und Behandlung durchführen, gibt es mehrere Typen. Das kann verwirrend sein. Beispiele dafür sind Beratungspsychologen, forensische Psychologen und Neuropsychologen. Die Unterschiede betreffen in der Regel die Therapieansätze und den spezifischen Bereich der Psychologie, auf den sie sich konzentrieren. Beratungspsychologen arbeiten eher mit Betroffenen, die Probleme haben, sich an die Gegebenheiten im Beruf, im Studium, in der Ehe, in anderen Partnerschaften und in Familienbeziehungen anzupassen. Sie legen weniger Wert auf formale Diagnosen. Bei Rechtsfällen erstellen foren-sische Psychologen in der Regel die Gutachten zur psychischen Gesundheit. Neuropsychologen sind auf Tests spezialisiert, mit denen die Art der Probleme einer Person nach einem

Hirntrauma oder einer anderen Beeinträchtigung des Gehirns festgestellt werden.

Im Gegensatz zu anderen Berufen im Bereich der psychischen Gesundheit sind Psychologen darin geschult, Menschen formell auf intellektuelle, Lern- und emotionale Probleme zu testen. Von einigen Ausnahmen abgesehen, verschreiben sie keine Medikamente. (Nach Abschluss einer Zusatzausbildung können sie in den amerikanischen Bundesstaaten Iowa, Idaho, Illinois, New Mexico und Louisiana sowie im amerikanischen Territorium Guam in begrenztem Umfang Rezepte ausstellen. Sie sind auch zum Verschreiben von Medikamenten berechtigt, wenn sie im öffentlichen Gesundheitsdienst der USA, im Indian Health Service (Gesundheitsdienst für die indigene Bevölkerung in den USA) und in einigen Teilen des Militärs der USA beschäftigt sind.

In einigen Ländern können Personen mit einem Master-Abschluss (oder dem entsprechenden lokalen Äquivalent) eine Zulassung für Psychologie erwerben. In anderen Ländern gibt es eine Vielzahl von Anforderungen, die sich erheblich von denen in den USA unterscheiden können.[189] Einem Bericht der American Psychological Association zufolge gibt es in manchen Entwicklungsländern wie Indien, Singapur und den Vereinigten Arabischen Emiraten überhaupt kein Zulassungsverfahren oder eine Regulierung zum Praktizieren im Bereich der klinischen Psychologie. In Nordamerika (Kanada, USA und Mexiko) wurden jedoch Bemühungen zur Vereinheitlichung der Anforderungen an Ausbildung und Berufserfahrung in Betracht gezogen.[190]

Andere Dienstleister: In den USA gibt es eine Reihe weiterer Anbieter von psychosozialen Diensten, für deren Zulassung lediglich ein Master-Abschluss und kein Doktortitel erforderlich ist. Einige dieser Dienstleister verfügen über einen Doktortitel, auch wenn dies für ihre Zulassung nicht erforderlich ist. Um es noch verwirrender zu machen, können ihre spezifischen Berufsbezeichnungen von Bundesstaat zu Bundesstaat variieren. Dazu gehören Marriage & Family Therapist (Ehe- und Familientherapeuten), Licensed Professional Counselor (zugelassene Therapeuten) und Licensed Clinical Social Worker (zugelassene klinische Sozialarbeiter). Es gibt auch Registered Nurses (zugelassene Krankenpfleger/in) und Nurse Practitioners (praktizierende Krankenpfleger/in), die sich auf die Psychiatrie spezialisiert haben.[191]

Wie findet man unter all diesen Angeboten den richtigen Therapeuten? Wenn man Medikamente braucht, muss man zu jemandem gehen, der sie verschreiben kann. Aber die meisten Systeme der USA verfolgen den Ansatz „no wrong door", was so viel bedeutet, wie: Unabhängig davon, bei welchem Dienstleister Betroffene zuerst anklopfen, sie sollen von dort aus Zugang zu allen Arten von Dienstleistungen bekommen, die sie benötigen. Der erste und wichtigste Schritt ist die Kontaktaufnahme zu jemandem, dem man vertrauen kann und mit dem man gut an seinen Problemen arbeiten kann. Es ist nicht weiter verwunderlich, dass dies in mehreren Studien mit guten Behandlungsergebnissen in Verbindung gebracht wurde.[192]

Wir haben die Erfahrung gemacht, dass der erste Schritt bei der Auswahl eines Psychologen, Therapeuten oder Psychiaters darin besteht, sich Gedanken darüber zu machen, welche Eigenschaften es dem Betroffenen ermöglichen, sich bei einem Dienstleister wohlzufühlen oder ihm zu vertrauen. Glaubt man zum Beispiel, dass man besser mit einem Mann oder einer Frau zurechtkommen würde? Gibt es Dienstleister, die die eigene

Muttersprache sprechen und/oder den eigenen ethnischen Hintergrund teilen? Wenn man diese Faktoren berücksichtigt hat, sollte man sich bei der Krankenkasse und/oder der Klinik erkundigen, ob die Dienstleister passende Termine anbieten können. Zu den Fragen, die man dem Therapeuten beim ersten Treffen stellen sollte, gehören: Arbeiten Sie abends und am Wochenende? Was ist Ihr therapeutischer Ansatz? Was sind Ihre Fachgebiete? Wann und wie oft soll ich zu einem Termin kommen? Wie und wann reagieren Sie auf Fragen von Patienten?

Was tun Sie, wenn Sie einen Termin mit einem Therapeuten vereinbaren, aber später feststellen, dass Sie nicht mit ihm zurechtkommen? (In diesem Prozess ist es immer gut, seine eigenen Motive zu überprüfen. Manchmal beschließt man unbewusst, dass man sich nicht mit schwierigen Themen auseinandersetzen möchte, weil man sich dabei nicht wohlfühlt.) Es ist wichtig zu wissen, dass eine Therapie Arbeit und Engagement erfordert. Man sollte bedenken, dass es die Aufgabe des Therapeuten ist, einen herauszufordern und einen manchmal vor sich selbst zur Rechenschaft zu ziehen.

Die Herausforderung, über die eigene Komfortzone hinauszuwachsen, kann auch ein Weg sein, um Fortschritte zu machen. Achten Sie darauf, zu unterscheiden zwischen 1) jemandem, der Sie dazu inspiriert, sich mit den Dingen auseinanderzusetzen, an denen Sie arbeiten müssen, und der Sie gleichzeitig zur Verantwortung zieht, und 2) jemandem, mit dem Sie einfach keine Verbindung aufbauen können, sei es, dass Sie sich nicht sicher genug fühlen, um ehrlich zu sein, oder weil Sie von der Persönlichkeit her nicht miteinander klarkommen.

In jedem Fall sollten Sie sich vergewissern, dass Sie mit jemandem arbeiten, mit dem Sie sich verbunden fühlen. Es sollte auch nicht zu lange dauern, bis Sie sich wohlfühlen. Es braucht jedoch einige Zeit, um eine funktionierende, zuverlässige und verlässliche Beziehung zu Ihrem Therapeuten aufzubauen.

Zugleich ist es keine gute Idee, eine Therapie fortzuführen, nur weil man die Gefühle des Therapeuten nicht verletzen will. Einfach in Behandlung zu bleiben, weil man den Therapeuten mag, auch wenn es einem nicht besser geht, ist verständlich, aber nicht produktiv.

Schließlich sehen wir in unserer Praxis oft Patienten, die sich für uns entscheiden, weil wir (zumindest symbolisch) die Art von Menschen repräsentieren, mit denen sie Konflikte haben, und die sie aufarbeiten wollen. Hier sind einige Beispiele.

> **Beispiele von Dolores Rodríguez-Reimann:**
> Dies ist häufig bei multikulturellen Ehen der Fall, in denen mein Patient einen anderen kulturellen/ethnischen Hintergrund hat als ich, der/die Partner/in oder Ehepartner/in aber Latino/-a ist. Oft hatte ich auch männliche Patienten, die in der Vergangenheit mit männlichen Therapeuten gearbeitet haben, aber das Gefühl hatten, dass es an der Zeit war, mit einer Psychologin zu arbeiten. Dies kann ihnen helfen, Probleme in der Beziehung zu ihrer Mutter oder einer Chefin zu klären. Wenn Sie mit einem Therapeuten zusammenarbeiten, der Ihnen ein wirklich sicheres Umfeld bietet, können Sie diese Themen offen erkunden und besprechen.
>
> Gelegentlich ist das Gegenteil der Fall. Viele Patienten kamen zu mir, weil sie sich von einem anderen Gesundheitsdienstleister „betrogen" fühlten. Die Patienten waren aufgrund der ähnlichen kulturellen Herkunft oder des ähnlichen Herkunftslandes des Gesundheitsdienstleisters davon ausgegangen, dass diese

auch automatisch dieselben Meinungen, Erfahrungen und Wahrnehmungen teilten. Als Therapeutin erinnere ich meine Patienten immer wieder an die Vielfalt innerhalb der Gruppe und daran, dass die Zugehörigkeit zu einer Gruppe nicht automatisch die gleiche Sichtweise garantiert.

Es ist auch wichtig, dass die Patienten wissen, dass ihre Behandlung vertraulich behandelt wird. Die Schweigepflicht umfasst sowohl die Tatsache, dass sie in Behandlung sind, als auch die Informationen, die dort weitergegeben werden. Unserer Erfahrung nach ist die Schweigepflicht ein besonderes Anliegen für Betroffene aus kleinen, kulturell unterschiedlichen Gemeinschaften. Sie machen sich oft Sorgen über die sozialen Stigmata, die mit psychischen Erkrankungen verbunden sind, und darüber, dass „die ganze Gemeinschaft Bescheid weiß", wenn sie ein Büro betreten, das psychosoziale Dienste anbietet. Hier ist ein Beispiel, das dies näher verdeutlicht:

Fallbeispiel von Joachim Reimann:
Vor einigen Jahren kam eine ältere asiatisch-amerikanische Patientin in die Klinik, die ich zu dieser Zeit leitete. Bei der Durchsicht ihrer Eckdaten fiel auf, dass sie einen ziemlich weiten Weg zurückgelegt hatte, um zu unserer Klinik zu gelangen. Eine auf die Behandlung asiatischer Amerikaner spezialisierte Klinik (die einen guten Ruf genoss), lag viel näher an ihrem Wohnort. Wir wollten dieser Patientin zwar helfen, wollten aber auch erfahren, ob es nicht bequemer für sie wäre, sich in einer Klinik in der Nähe ihres Wohnortes behandeln zu lassen, die auch ihre Gemeinschaft gut kenne. Sie

antwortete, dass sie in der Klinik nicht gesehen werden wollte, weil es dann *„jeder wissen würde"*. Die Patientin wollte einfach alles dafür tun, um sich sicher und wohlzufühlen.

PSYCHOTHERAPIEN — EIN ÜBERBLICK

Der folgende Abschnitt gibt einen Überblick über die grundlegenden Psychotherapien, insbesondere im Hinblick auf Migrantengruppen. Die Beschreibungen sind nicht erschöpfend. Im Laufe der Jahre hat man viele Arten von Therapien ausprobiert, nicht immer mit großem Erfolg. Wir werden uns auf diejenigen Therapien konzentrieren, die in der Regel funktionieren, d.h. auf Therapien, die seit langem angewandt werden und/oder deren Wirksamkeit bei der Behandlung von Patienten durch entsprechende Forschungsergebnisse belegt ist.

Es gibt auch mehrere Arten, wie Therapien durchgeführt werden. Einige beinhalten Einzelsitzungen, bei denen nur der Patient und der Therapeut anwesend sind. In einigen Fällen nehmen auch andere Familienmitglieder an den Sitzungen teil. Bei manchen handelt es sich um Gruppen, in denen die Teilnehmer über eine bestimmte Art von Problem sprechen (z.B. Wut, Trauma, Depression usw.). Welcher Ansatz am besten funktioniert, hängt von den individuellen Umständen des Patienten ab. Man kann mit einer Einzeltherapie beginnen und dann in der Gruppe weitermachen, wenn man der Meinung ist, dass dies hilfreich ist.

Bei einer Gruppentherapie kann es Bedenken hinsichtlich der Geheimhaltung geben. Ironischerweise zeigen Forschungsergebnisse aus dem Nahen Osten, dass in der arabischen Bevölkerung einige lokale Gruppen sehr hilfreich sein können.[93] Wenn Patienten erfahren, dass Gruppen durchaus ein sicheres Umfeld sind, können sie davon profitieren.

Bevor wir beginnen, müssen wir einräumen, dass die psychischen Gesundheitsdienste in der Vergangenheit nicht immer einen guten Ruf genossen. Die frühen Anstalten wurden oft als „Irrenhäuser" bezeichnet und umfassten Behandlungen, die nach heutigen Maßstäben zumindest fragwürdig sind. Darüber hinaus zeigen Filme wie „*Einer flog über das Kuckucksnest*", „*Color of Night*" (1994), und „*Reine Nervensache*" nicht annähernd, was echte Psychotherapie ausmacht. In den meisten Fällen zeigen sie Personen mit einer Mischung von Symptomen, die nicht dem entsprechen, was wir über die Diagnose von psychischen Erkrankungen wissen. In diesen Beispielen neigen Therapeuten und Patienten dazu, persönliche und manchmal romantische Beziehungen zu entwickeln, die illegal und unethisch sind. Das mag toll sein für ein gutes Filmdrama, spiegelt aber nicht die strengen Grenzen und Gesetze wider, die Patienten vor Schaden bewahren. Wenn Dienstleister tatsächlich ethische Grenzen gegenüber ihren Patienten überschreiten, werden sie wahrscheinlich ihre Zulassung verlieren, wenn ihr Verhalten entdeckt und gemeldet wird. Daher ist es wichtig, daran zu denken, dass die professionelle psychische Behandlung nicht den gängigen Darstellungen in den Medien entspricht. Hier sind einige Arten von Psychotherapien aufgeführt:

Psychoanalyse und psychodynamische Therapien: Therapeuten, die diesen Ansatz verfolgen, gehören zu den am häufigsten in Filmen und anderen Medien dargestellten Stereotypen. Sie bitten ihre Patienten auf eine Couch, setzen sich hinter sie und fordern sie auf, das zu sagen, was ihnen gerade in den Sinn kommt. Die psychoanalytischen Ansätze und die klassische Psychoanalyse gehen alle davon aus, dass die

Psychodrama: Dieses Protokoll regt die Patienten dazu an, wie in einem Theaterstück Szenen zu entwerfen, in denen andere Patienten und/oder Mitarbeiter einer Praxis Konflikte und zwischenmenschliche Kommunikation nachspielen. Es wird davon ausgegangen, dass dieser Ansatz (statt nur über emotionale Schwierigkeiten zu sprechen) den Patienten einen besseren Einblick in die Ursachen ihres Stresses verschafft. Im Anschluss an das Psychodrama können Therapeuten und Patienten das Gelernte besprechen. Der Ansatz wurde von Jacob Moreno entwickelt.[197]

Dieser Ansatz hat sowohl positive als auch negative Aspekte. Selbst wenn es sich um ein Theaterspiel handelt, kann die praktische Darstellung der Probleme der Betroffenen hilfreich sein. Zugleich erfordert dieser Ansatz die Interaktion mit mehreren Personen. Das ist weniger angenehm für Patienten, die um die Geheimhaltung ihrer Angaben besorgt sind oder einfach nicht bereit sind, an einem Gruppenprozess teilzunehmen.

Die Nützlichkeit von Psychodramas bei Migranten ist nicht ausreichend erforscht. Bemerkenswert ist, dass die Technik in der Türkei, Kanada, Finnland, Brasilien, Italien und im Iran erforscht wurde. In diesen Studien wurde eine gewisse Verbesserung der emotionalen Funktionsfähigkeit festgestellt.[198,199]

Patientenzentrierte oder personenzentrierte Therapie: Dieser Ansatz hebt das Potenzial hervor, das Gute im Patienten zu sehen. Der wichtigste Aspekt ist, dass man sich die Erfahrungen der Person mit Einfühlungsvermögen und ohne Werturteile anhört. Im Wesentlichen akzeptiert der Therapeut, was eine Person zu sagen hat, unabhängig davon, wie der Inhalt ausgedrückt wird. Er konzentriert sich dann darauf, dem Patienten dabei zu helfen, einen Einblick in dessen

Ursachen einer psychischen Störung im Unbewussten liegen. Nach Sigmund Freud, der diesen Ansatz als erster entwickelt hat, ist abnormales Verhalten das Ergebnis ungelöster Konflikte, die nicht unbedingt in unserem Bewusstsein sind. Da ein schmerzhafter Konflikt, wenn er anerkannt wird, wahrscheinlich Leid verursacht, verwenden die Betroffenen viel psychische Energie darauf, ihn aus ihrem Bewusstsein zu verbannen. Die Psychoanalyse versucht, den Konflikt an die Oberfläche zu bringen. Man geht davon aus, dass die verdrängten Energien der Psyche freigesetzt werden, sobald die Bewusstwerdung stattgefunden hat. Das wiederum ermöglicht es den Patienten, besser mit ihrer Umgebung und ihrem Leben zurechtzukommen.

Bei psychoanalytischen Ansätzen wird viel Zeit auf die Lebensgeschichte der Patienten verwendet, angefangen bei der frühen Kindheit, um die unbewusste Quelle ihrer Probleme aufzudecken. Patienten legen sich oft hin, entspannen sich und sprechen über ihre Träume, ihre frühen Beziehungen zu ihren Eltern und andere Themen. Psychoanalytiker sitzen in der Regel hinter den Patienten, um sie nicht abzulenken. Dies gibt den Patienten vermutlich mehr Möglichkeiten, über alles zu sprechen, was ihnen in den Sinn kommt.

Psychoanalytiker haben das Trauma, mit dem einige Migrantengruppen konfrontiert sind, anerkannt.[194] Da die psychoanalytische Theorie jedoch in europäischen Kulturphilosophien verwurzelt ist, stellt sich die Frage, wie gut sie sich in eine wirksame Unterstützung für andere Bevölkerungsgruppen umsetzen lässt.[191]

Interessanterweise sind psychodynamische Therapien in einigen lateinamerikanischen Ländern (z.B. in Argentinien und Mexiko) sehr beliebt.[195,196] Künftige Studien könnten also zeigen, dass und wie der Ansatz in einigen Kulturen wirksam ist.

Handlungen veranlassen. Die kognitive Verhaltenstherapie konzentriert sich also auf Stimmungen, Gedanken und Verhaltensweisen. Der Therapeut sagt dem Patienten nicht, dass sein Denken „falsch" ist. Vielmehr werden in der Arbeit zwischen Therapeut und Patient alternative Denkweisen über denselben Sachverhalt erkundet. Das bedeutet, konstruktiver auf Stressoren zu reagieren. Die Patienten lernen auch, ein Tagebuch zu führen, in dem sie ihr tägliches Leben festhalten können, einschließlich der Art und Weise, wie sie auf stressige Ereignisse reagieren. Bei der kognitiven Verhaltenstherapie wird ein Dokument erstellt, das Therapeut und Patient verwenden, um selbstschädigende Denkmuster zu verstehen, die emotionale und Verhaltensschwierigkeiten verursachen. Wenn diese Schwierigkeiten erst einmal erkannt sind, können effektivere Denkmuster und Verhaltensweisen entwickelt werden.[203]

Die kognitive Verhaltenstherapie wird häufig zur Behandlung verschiedener Störungen und Erkrankungen bei Kindern, Jugendlichen und Erwachsenen eingesetzt. Dazu gehören emotionale Störungen (Angstzustände und Depressionen), Essstörungen, Phobien und sexuelle Störungen. Insgesamt handelt es sich um einen sehr praktischen Ansatz, der weniger Zeit in Anspruch nimmt als andere, traditionellere Therapien wie die Psychoanalyse.

Viele Therapeuten, auch wir (die Autoren), verlassen sich nicht ausschließlich auf einen einzigen Behandlungsansatz. Aber die kognitive Verhaltenstherapie ist diejenige, die wir am häufigsten praktizieren. Sie hat sich in vielen Studien als wirksam erwiesen, auch in solchen, die bei Migranten angewandt werden.[204] Weiss und Kollegen fanden z.B. heraus, dass die Therapie gute Ergebnisse bei der Behandlung sozialer Ängste bei Patienten erzielte, die aus Mittelamerika und China in gegenwärtiges Denken und Fühlen zu gewinnen, statt sich mit den Ursachen von dessen Schwierigkeiten zu befassen.[191]

Gegenwärtig ist die personenzentrierte Therapie vor allem als Grundlage für das Motivational Interviewing (MI) bekannt. Im Wesentlichen verwendet MI verbale Ansätze (z.B. die Art und Weise, wie Fragen formuliert werden), die dem Patienten helfen, seine eigenen Gründe für eine Veränderung zu finden. Es ist nicht weiter verwunderlich, dass bei verschiedenen ethnischen Gruppen bessere Ergebnisse erzielt werden, wenn die Therapeuten einen stärker individualisierten und kulturell informierten Ansatz verfolgen, statt eine Schritt-für-Schritt-Anleitung zu befolgen.[200,201] Ein möglicher Nachteil ist, dass in einigen Kulturen (z.B. in Indien) Patienten am besten auf „Ärzte" (die als hochrangig angesehen werden) reagieren, die ihnen direkt sagen, was sie tun sollen.[94] Diese Strategie ist nicht der Kern des personenzentrierten Ansatzes.

Personenzentrierte Therapieformen können besonders nützlich sein für Betroffene, die sich häufig von anderen beurteilt fühlen oder sich selbst beurteilen. Dazu können auch Betroffene gehören, die unter Umständen selbst Gewalt ausgeübt haben, um ihr eigenes Überleben zu sichern (z.B. Kindersoldaten, die jetzt erwachsen sind). Indem diese Betroffene einen Ort finden, an dem sie nicht beurteilt werden, haben sie die Möglichkeit herauszufinden, wie sie auf produktive Weise vorankommen können.

Kognitive Verhaltenstherapie (Cognitive behavior therapy, CBT). Die kognitive Verhaltenstherapie wurde erstmals von Aaron Beck entwickelt[202] und ist eine der am besten erforschten Therapien in der Psychologie. Sie basiert auf der Annahme, dass wir verzerrte Überzeugungen und Gedanken haben, die uns zu negativen Wahrnehmungen und somit zu selbstschädigenden die USA eingewandert waren und deren Muttersprache nicht Englisch war.[205]

Da, wie bereits beschrieben, einige Migrantengruppen eine traumatische Vergangenheit haben, ist es wichtig, dass es Varianten der kognitiven Verhaltenstherapie gibt, die diese Problematik berücksichtigt. Zwei dieser Ansätze sind die traumafokussierte CBT (TF-CBT) und die trauma-informierte CBT.

TF-CBT ist in erster Linie für Kinder und Jugendliche sowie deren Familien konzipiert worden. Der Schwerpunkt liegt auf einem gesünderen Umgang mit Emotionen, indem unter anderem ein sicheres und vertrautes Umfeld geschaffen wird, in dem Kinder und Jugendliche ihre Probleme zum Ausdruck bringen können. Sobald dies geschehen ist, erfolgt eine reguläre kognitive Verhaltenstherapie.

Trauma-informierte (TI-CBT) Ansätze weisen einige Ähnlichkeiten auf, aber sie werden auch bei Erwachsenen eingesetzt. Wie bei allen Therapien ist es wichtig, dass diese in einer Umgebung stattfindet, in der sich der Betroffene sicher fühlt. Unserer Erfahrung nach beinhaltet die TI-CBT psychoedukative Ansätze als Teil der Gesamtbehandlung. Wenn Patienten etwas über emotionale Auslöser und die Tatsache erfahren, dass solche Reaktionen automatische, aber behandelbare Gehirnfunktionen betreffen, können sie verstehen, dass ihre Reaktionen normal sind und nicht auf persönliche Defizite hindeuten. Dieses Verständnis wiederum kann die weitere Behandlung positiv unterstützen. Es gibt auch eine Strategie namens Critical Incident Stress Debriefing (Stressbearbeitung nach belastenden Ereignissen). Dies ist hilfreich, wenn das Trauma gerade erst stattgefunden hat. Leider haben die traumatischen Ereignisse von vielen Migranten in ihrem Herkunftsland bereits vor Monaten oder sogar Jahren stattgefunden. Unter diesen Umständen sind solche Nachbesprechungsmethoden weniger praktikabel. Sie können jedoch nützlich sein, wenn das Trauma gerade erst aufgetreten ist (z.B. während des Grenzübertritts) und eine psychiatrische Fachkraft den Migranten sofort behandeln kann.

Die kognitive Verhaltenstherapie wurde auch zur Behandlung von Schlaflosigkeit adaptiert. Häufig wird den Patienten empfohlen, ein Schlaftagebuch zu führen, in dem sie die Beschwerden festhalten, die den erholsamen Schlaf beeinträchtigen. Es werden anschließend Techniken zur Schlafhygiene entwickelt. Dazu können regelmäßige Schlafenszeiten gehören, der Verzicht auf Alkohol und Koffein, der Verzicht auf helles Licht (auch auf Computerbildschirme), Atem- und Muskelspannungsübungen zur Entspannung, die Vermeidung von Nickerchen während des Tages, die Vermeidung von Gedanken über die Lösung von Problemen in deren Leben, wenn man wach ist, und andere Strategien, die von den individuellen Umständen abhängen.

Dialektisch-Behaviourale Therapie (Dialectical behavior therapy, DBT): Die Dialektisch-Behaviorale Therapie oder auch Dialektische Verhaltenstherapie ist eine weitere gut erforschte Form der Psychotherapie, die ursprünglich zur Behandlung einer Borderline-Persönlichkeitsstörung entwickelt wurde. Studien zeigen, dass sie auch bei der Behandlung von Affektstörungen, Suizidalität, Neigung zu Selbstverletzung und Drogenmissbrauch wirksam ist.[206]

Die von Marsha M. Linehan[207] als modifizierte Form der kognitiven Verhaltenstherapie konzipierte Dialektisch-Behaviorale Therapie konzentriert sich auf die Emotionsregulierung (z.B. das Erkennen von Auslösern) und die Entwicklung produktiverer Wege zur Entwicklung von Stresstoleranz. In diesem Prozess

arbeitet die Dialektisch-Behaviorale Therapie daran, koopera-
tive Allianzen zwischen Patient und Therapeut aufzubauen und
neue Wege zu finden, um schwierige Lebensereignisse effektiv
zu bewältigen und zu lösen. Sie stützt sich auf westliche psychologische Traditionen, bezieht aber auch Meditationstechniken
mit ein.

**Desensibilisierung und Verarbeitung durch Augenbewegung
(Eye movement desensitization and reprocessing, EMDR):**
Studien haben gezeigt, dass die abwechselnde Stimulation der
rechten und linken Gehirnhälfte eine beruhigende Wirkung
haben kann. Betroffene werden entspannter, können sich besser
konzentrieren und machen sich weniger Sorgen. Dies geschieht
häufig dadurch, dass man die Betroffenen auf ein Objekt wie
einen Bleistift schauen lässt, der sich vor ihren Augen bewegt,
indem man die linke und die rechte Hand der Betroffenen
abklopft, indem man sie Töne zwischen dem linken und dem
rechten Ohr hin und her hören lässt, und auf andere Weise. Der
gesamte Prozess wird oft als „bilaterale Stimulation" bezeichnet

Eye Movement Desensitization and Reprocessing
(EMDR) ist ein Ansatz, der eine solche Stimulation als
Hauptbestandteil seines Systems verwendet. Ursprünglich
wurde sie von Francine Shapiro entwickelt[208,209] und wird
in den Praxisleitlinien der Weltgesundheitsorganisation aus
dem Jahr 2013 als „spontane assoziative Verarbeitung von
Erinnerungen mit einer Komponente bilateraler Stimulation
(z.B. Augenbewegungen)"[210] beschrieben.

Insgesamt handelt es sich bei EMDR um eine komplexe
Therapie, die die Patienten durch acht grundlegende Phasen
führt. Dabei geht es um negative Überzeugungen, die sie über
sich selbst haben, sowie um Gefühle und Empfindungen, die
sie mit einem Trauma verbinden. Die Betroffenen werden auch

gebeten, sich an belastende Bilder zu erinnern. Anschließend führt der Therapeut mit dem Patienten eine Art bilaterale Stimulation durch. Wie bereits beschrieben, kann dies in Form von seitlichen Augenbewegungen, Klopfen mit der Hand oder dem Hören von Tönen erfolgen. Die Art und Dauer dieser Behandlungen sind für jeden Patienten unterschiedlich.

Mindfulness: Eine weitere gängige Praxis ist die der Mindfulness bzw. Achtsamkeit. Dies ist im Grunde ein Zustand der aktiven, offenen Aufmerksamkeit für die Gegenwart. Dieser Zustand wird als Beobachtung der eigenen Gedanken und Gefühle beschrieben, ohne diese als gut oder schlecht zu bewerten. Achtsamkeit wurde definiert als „die grundlegende menschliche Fähigkeit, völlig präsent zu sein, sich bewusst zu machen, wo wir sind und was wir tun, und nicht übermäßig zu reagieren oder von dem, was um uns herum geschieht, überwältigt zu sein" (siehe mindful.org).[211]

Achtsamkeit ist kein Ansatz, bei dem man „an nichts denkt". Wir vermuten, dass dies schwierig, wenn nicht gar unmöglich ist, zumindest für die meisten Menschen. Vielmehr geht es darum, sich Zeit zu nehmen, um über das Jetzt nachzudenken, statt in der Vergangenheit stecken zu bleiben oder sich Gedanken über die Zukunft zu machen. Achtsamkeit beurteilt auch nicht den Wert dessen, was Betroffene erleben. Sie ist einfach ein Zustand, in dem man einfach seine unmittelbaren Gedanken, Empfindungen und Gefühle beobachtet.

Die aus der östlichen Meditation stammende Praxis der Achtsamkeit wurde von Jon Kabat-Zinn in den späten 1970er Jahren unter der Bezeichnung Mindfulness-Based Stress Reduction (MBSR) zur Behandlung chronischer Schmerzen für die westliche Kultur adaptiert.[212]

Das Ziel der Achtsamkeit ist es, eine Geisteshaltung zu entwickeln, die zu mehr geistiger Ruhe und rationalem Denken führt. Im Grunde hilft sie, all das normale Durcheinander unserer Gedanken besser unter Kontrolle zu bringen.

Ein Vorteil der Achtsamkeit ist, dass sie in andere Therapieansätze integriert werden kann, die wir oben näher erläutert haben. Dazu gehören die kognitive Verhaltenstherapie und die Dialektisch-Behaviorale Therapie.

Positive Psychologie: Dieser Ansatz konzentriert sich auf die persönlichen Stärken und Handlungen, die es Betroffenen ermöglicht, Sinn, Zufriedenheit und Bestimmung im Leben zu finden. Die positive Psychologie bemüht sich, Betroffenen zu helfen, stabile und langfristige Wege zu finden, um sich besser zu fühlen, statt kurze Phasen des Glücks zu erleben. Der Schwerpunkt liegt auf dem Erkennen, Nutzen und Entwickeln persönlicher Stärken. Dies unterscheidet sich von einigen anderen Ansätzen in der Psychologie, die sich eher mit Schwächen und Problemen befassen. Dieser Ansatz hilft Betroffenen, eine positive Einstellung zu entwickeln, die es ihnen ermöglicht, das Beste aus ihren Fähigkeiten herauszuholen. Dazu gehört auch die Haltung, die sie gegenüber anderen entwickeln. Wenn sie anderen gegenüber eine Haltung des Glaubens, des guten Willens und des Verständnisses an den Tag legen, werden diese vermutlich auch so auf die Betroffenen reagieren. Die positive Psychologie hilft ihnen auch, negative Einstellungen und Erfahrungen aufzugeben.

ERGÄNZENDE ANSÄTZE FÜR DIVERSE FORMEN DER PSYCHOTHERAPIE

Viele Methoden um Betroffenen zu helfen, sind keine allumfassenden Behandlungssysteme. Vielmehr können sie in

Kombination mit anderen Therapien eingesetzt werden. Dazu zwei Beispiele:

Biofeedback ist eine Behandlungsmethode, bei der der Patient an einen Monitor angeschlossen wird, der Informationen über ihre biologischen Prozesse wie Herzfrequenz, Schweißmenge auf der Hautoberfläche und Blutdruck registriert. Ein Ansatz, der an Popularität gewonnen hat, ist Neurofeedback (EEG-Biofeedback). Damit werden Gehirnströme und biologische Aktivitäten gemessen, die ein Patient normalerweise nicht wahrnimmt. Mit Biofeedback arbeitende Patienten lernen, diese biologischen Aktivitäten zu überwachen und letztlich zu beeinflussen.

Psychologen und Ärzte setzen Biofeedback häufig ein, um Stress, Schmerzen, Kopfschmerzen, Asthma, Bluthochdruck und andere Formen der Anspannung zu kontrollieren.[191] Neurofeedback wurde zur Behandlung von Suchterkrankungen, Angstzuständen, Depression und anderen Störungen angewendet.

Bibliotherapie: Dies wird manchmal als „Buch-Therapie", „Poesietherapie" *oder* „therapeutisches Geschichtenerzählen" bezeichnet und beinhaltet das Lesen bestimmter Texte als Teil eines Prozesses zur Lösung von Problemen. Filme im Internet oder Podcasts können eine Alternative zum Lesen eines Buches darstellen.

Die Bibliotherapie wird manchmal mit Tagebuchschreiben kombiniert, in dem die Betroffenen das Gelesene zusammenfassen können. Sie können ihre Gedanken und Gefühle zu bestimmten Themen ausdrücken und erklären. Der Gesamtprozess zeigt positive und lang anhaltende Wirkung bei Betroffenen mit Depressionen.[213,214]

In der Therapie werden die Bücher inhaltlich danach ausgewählt, ob sie für die jeweilige Situation und die Bedürfnisse des Patienten relevant sind. Der Gesamtprozess umfasst drei grundlegende Phasen: 1) Der Leser identifiziert sich mit einer bestimmten Figur im Buch, 2) dies führt dazu, dass zuvor zurückgehaltene Emotionen losgelassen werden, und 3) der Leser dann rationalere Einblicke in die im Buch beschriebene Lösung nutzen kann. Zu den typischen Büchern, die in der Bibliotherapie verwendet wurden, gehören *Reading to Heal* von Jacqueline D. Stanley, *The Novel Cure* von Ella Berthoud und Susan Elderkin und *Read for Your Life* von Joseph Gold.

Für Betroffene, die nicht lesen können, ist Bibliotherapie natürlich nicht geeignet. Öffentliche Medien wie Podcasts und Computervideos können in solchen Fällen jedoch hilfreich sein. (Wir sind manchmal erstaunt über Betroffene ohne jegliche Ausbildung, die ein Smartphone mit außerordentlicher Kompetenz bedienen können.) In vielen Kulturen gibt es mündliche Traditionen und Sagen, die immer weiter überliefert werden. Früher diente das Geschichtenerzählen oft der Unterhaltung. Die Geschichten, die am ehesten über Generationen hinweg weitergegeben werden, sind diejenigen, die auch Lebensweisheiten enthalten. Dabei handelt es sich zwar nicht um eine Bibliotherapie, aber das Geschichtenerzählen ähnelt dieser Methode.

Elektrokrampftherapie (Electric convulsive therapy, ECT). Der Begriff der Elektrokrampftherapie klingt beängstigend. Die einstige Bezeichnung, „Schocktherapie", klingt noch schlimmer. Sie weckt Assoziationen von Irrenanstalten, in denen die Behandlungsmethoden nach Folter aussehen. Bei der heute praktizierten Elektrokrampftherapie wird immer noch elektrischer Strom durch den Kopf des Patienten geleitet. Dies wird jedoch unter Vollnarkose von einem Arzt ausgeführt. Außerdem wird die Elektrokrampftherapie in den meisten Fällen als letztes Mittel bei sehr schweren Depressionen eingesetzt, wenn andere Behandlungen fehlgeschlagen sind. Trotz der unheilvollen Bezeichnung haben einige Patienten die EKT als Lebensretter bezeichnet. Sie vergleichen es mit dem Neustart eines Computers, bei dem die depressiven Symptome weitgehend verschwinden, zumindest für eine gewisse Zeit. Allerdings gibt es auch einige Nachteile. Erstens ist eine Vollnarkose immer mit Risiken verbunden. Darüber hinaus berichten einige Betroffene über einen vorübergehenden kurzfristigen Gedächtnisverlust. Im Allgemeinen ist die Behandlungsmethode zudem keine dauerhafte Lösung, da häufig Folgesitzungen erforderlich sind. Trotz des potenziellen Nutzens für Patienten mit schweren Depressionen stellt sich die Frage, ob die EKT für Migrantengruppen, insbesondere für Traumaüberlebende, geeignet ist. So ist beispielsweise die *Picana* (im Wesentlichen eine Art Viehtreiber) ein Instrument, das von einigen Folterern verwendet wird. Dem Opfer wird damit ein Stromschlag mit hoher Spannung, aber geringer Stromstärke versetzt. Die Aussicht, sich einer Schocktherapie zu unterziehen, kann daher bei Migranten und anderen Gefolterten erhebliche Ängste auslösen.

Eine neuere Behandlung, die als Alternative zur EKT beschrieben wurde, ist die transkranielle Magnetstimulation (TMS). In den USA wurde sie im Oktober 2008 von der Food and Drug Administration (FDA) zugelassen. Die Methode beruht im Wesentlichen auf der magnetischen Stimulation bestimmter Hirnregionen. Es wird angenommen, dass dadurch eine elektrische Ladung entsteht, die mit der Funktion der EKT vergleichbar ist. Insgesamt erfordert die TMS keine Vollnarkose, ist einfacher durchzuführen und belastet den Körper weniger. Einigen Untersuchungen zufolge hilft diese Methode bei der Behandlung von Depressionen.[215]

Psychotrope Medikamente: Es gibt viele Arten von Medikamenten, die bei psychischen und emotionalen Beschwerden helfen. Dazu gehören Antidepressiva, Stimmungsstabilisatoren, Medikamente gegen Angstzustände und Antipsychotika.

Die meisten dieser Medikamente haben die Regulierung von Neurotransmittern zum Ziel. Im menschlichen Körper gibt es viele verschiedene Neurotransmitter. Sie sind im Grunde chemische Botenstoffe, die Signale von einem Neuron (einer Zelle im Nervensystem) zu einem anderen senden. Sie teilen dem Körper mit, wie er funktionieren soll. Diverse Neurotransmitter dienen für einen bestimmten Zweck. So beeinflusst beispielsweise Serotonin die Stimmung, Noradrenalin erhöht den Blutdruck und Endorphine können Euphorie auslösen.

Bei Psychopharmaka gibt es einige Dinge zu beachten. Viele müssen sich erst mit der Zeit im Körper der Betroffenen etablieren. Die Patienten müssen sie eine Zeit lang regelmäßig einnehmen, bevor sich Wirksamkeit zeigt. Zweitens gibt es in jeder Grundkategorie mehrere Medikamente. Es werden zum Beispiel viele unterschiedliche Antidepressiva eingesetzt. Aufgrund der unterschiedlichen Physiologie kann das Medikament, das bei dem einem Patienten am besten wirkt, bei einem anderen nicht so gut wirken, auch wenn beide die gleichen äußeren Symptome haben. Das bedeutet, dass das erste Medikament, das ein Arzt einsetzt, möglicherweise nur aufgrund einer Vermutung angewendet wird. Wenn dieses erste Medikament nicht wirkt oder schwere Nebenwirkungen verursacht, ist es an der Zeit, ein anderes auszuprobieren. Manchmal wird die Behandlung bei einem Psychiater mit der Begründung abgebrochen, dass der Arzt inkompetent sein muss, weil die Medikamente „nicht gewirkt haben". Das ist aber nicht unbedingt der Fall. Der Wechsel zu einem anderen Arzt bedeutet nur, dass der neue Arzt wieder von vorne anfangen muss.

Es ist wichtig zu wissen, dass Hausärzte mehr Psychopharmaka verschreiben als Psychiater.[216] Diese Ärzte sind oft die ersten, bei denen viele Betroffene Hilfe suchen. Hausärzte haben ein breites Aufgabengebiet und behandeln Menschen mit den unterschiedlichsten Krankheiten. Aber sie sind keine Spezialisten für die psychische Gesundheit. In dieser Hinsicht empfiehlt es sich, sie um eine Überweisung zu einem Psychiater zu bitten.

Psychopharmaka sollten zwar unter ärztlicher Aufsicht verschrieben und auch abgesetzt werden, aber die meisten sind nicht gewohnheitsbildend. Eine Ausnahme bilden Benzodiazepine, eine Gruppe von Medikamenten, die zur Behandlung von Angstzuständen eingesetzt werden. Beispiele sind Xanax, Klonopin, Ativan und Valium. Diese haben ein hohes Suchtpotenzial.

Zu bedenken ist auch, dass nicht alle Medikamente, die in einem Land zugelassen sind, automatisch überall erhältlich sind. Wenn Migranten umziehen, kann es sein, dass die gewohnten Medikamente in ihrem neuen Heimatland nicht zur Verfügung stehen. Dies gilt auch für Medikamente, die rezeptfrei verkauft werden. Es ist wichtig, sich solcher Umstände bewusst zu sein und sie so weit wie möglich zu berücksichtigen.

Bei Patienten mit emotionalen Beschwerden wird häufig eine Kombination aus Psychopharmaka und Psychotherapie angewendet. Mit Medikamenten können sich die Symptome schneller verbessern. Aber eine Psychotherapie ist besser geeignet, den Patienten eigene Fähigkeiten zu vermitteln, um die Verbesserungen langfristig aufrechtzuerhalten. Insgesamt wird die Kombination von Psychotherapie, Medikamenten und vermehrter sozialer Unterstützung als der Standard zur Behandlung emotionaler Störungen beschrieben.[217]

Unter den verschiedenen Psychopharmaka sind die Antipsychotika besonders wichtig. Wie in einem vorherigen Abschnitt dargelegt, hat eine Psychose genau wie die Schizophrenie eine starke biologische Grundlage. Eine Gesprächstherapie allein ist daher wahrscheinlich nicht wirksam. Die gute Nachricht ist, dass sich das Leben der Betroffenen erheblich verbessern kann, wenn die Medikamente die erhofft Wirkung zeigen. Dazu ein Beispiel:

Fallbeispiel von Joachim Reimann:

Vor einigen Jahren hatte ich mit einem Patienten zu tun, der an einer Psychose litt. Er war mehrfach in einer Klinik aufgenommen worden und hatte sich in eine Kriseneinrichtung begeben, in dem ich ihn betreute. Dieser Betroffene lehnte Medikamente ab, da er der Meinung war, diese nicht wirklich zu brauchen und nicht von Substanzen abhängig werden zu wollen. Letztendlich stimmte er jedoch der Einnahme eines Antipsychotikums zu. Der Patient beschrieb die Veränderungen, die er daraufhin erlebte, als *„habe er das erste Mal seit zwei Jahren eine Brille aufgesetzt"*. Endlich konnte er die Welt so sehen, wie sie war. In diesem Prozess trauerte er um die durch die Psychose verlorenen Beziehungen und Chancen. Aber er war auch zuversichtlich, dass er nun endlich nach vorne schauen und sein Leben in Ordnung bringen konnte.

BEHANDLUNGSMETHODEN BEI DROGENMISSBRAUCH

Auch das Thema Drogenmissbrauch ist von großer Bedeutung. Oft tritt dieser zusammen mit einer psychischen Störung auf. Dies wird gemeinhin als „Doppeldiagnose" oder „gleichzeitig auftretende Störungen" bezeichnet.[218] Eine häufige Frage ist dabei: Hat der Drogenmissbrauch die psychische Störung ausgelöst oder hat eine psychische Störung den Drogenmissbrauch ausgelöst? (Die zweite Option wird zunehmend als wahrscheinlicher angesehen.)

Die Behandlung von Drogenmissbrauch kann zahlreiche professionelle Behandlungsmethoden und Peer-Support-Systeme beinhalten. Zwei gemeinsame Ziele, je nachdem, welche Behandlungsmethode angewandt wird, sind „Abstinenz" und „Schadensbegrenzung". Wie der Name schon sagt, besteht das Ziel der Abstinenz darin, den Substanzkonsum ganz aufzugeben. Schadensminimierung erfordert nicht unbedingt völlige Abstinenz, sondern zielt darauf ab, den Schaden zu begrenzen, den Drogenkonsumenten sich selbst, ihrem Umfeld (z.B. Familienangehörige und Freunde) und der Gesellschaft insgesamt zufügen (z.B. Verringerung der Zahl der Vorfälle mit fahruntüchtigen Autofahrern).

Wir sind der Meinung, dass den Patienten am besten gedient ist, wenn die Behandlung die gesamte Person und seine Familie berücksichtigt und nicht ausschließlich den Drogenkonsum. Wie das erreicht werden kann, müsste man in einem gesonderten Buch zusammenfassen. In Studien hat man jedoch eine Reihe von hilfreichen Interventionen identifiziert, die im Folgenden zusammengefasst werden. Darunter auch CBT. Das Erlernen von Verhaltensweisen, die Ängste und Depressionen verringern sowie ein positives Support-Netzwerk stärken, kann die Abhängigkeit von Substanzen verringern.

Die Anwendung von CBT unter Einbeziehung der Familie hat sich bei Kindern und Jugendlichen als besonders wirksam erwiesen.[219] CBT-Gruppen können soziale Fähigkeiten und eine altersgerechte emotionale Kontrolle fördern. Einige dieser Gruppentreffen können in Schulen stattfinden.

Darüber hinaus sind die Anonymen Alkoholiker (AA) und die Anonymen Narkotiker (Narcotics Anonymous , NA) weithin bekannte Recovery-Systeme. Kurz gesagt, handelt es sich bei diesen Programmen um Treffen, bei denen die Teilnehmer ihre Erfahrungen austauschen und ihre Probleme mit der Drogenabhängigkeit und dem Leben im Allgemeinen anerkennen. Im Kern umfassen die Systeme zwölf Schritte, in denen sich die Teilnehmer einer höheren Macht anvertrauen, eine Bestandsaufnahme ihrer Probleme machen, diese vor den anderen in der Gruppe eingestehen, verstehen, dass ihre Probleme andere verletzt haben, nach Möglichkeit Wiedergutmachung leisten und den Prozess dann bei Bedarf wiederholen. Der letzte Schritt besteht darin, anderen zu helfen, die das gleiche Problem haben.

Wie bereits erwähnt, konzentriert sich das 12-Schritte-System traditionell auf die Akzeptanz einer „höheren Macht". Für Betroffene, die sich mit einem religiös anmutenden Ansatz unwohl fühlen, können andere Programme wie Rational Recovery (RR) eine Alternative darstellen. Statt sich einer höheren Macht auszuliefern, zielt RR auf die Stärkung des Glaubens der Betroffenen an ihre eigene Fähigkeit, ihr Handeln zu ändern.

Die meisten dieser Systeme können Mentoring, soziale Bindungen und Fähigkeiten fördern, anhand derer Teilnehmer

Unterstützung bei ihren Bemühungen zum Aufhören oder Abstinenz von Drogen- und/oder Alkoholkonsum erfahren.

AA bezeichnet sich selbst als eine weltweite Organisation. Der Vorstand der Alcoholics Anonymous World Services (AAWS) gibt AA-Literatur in über 90 verschiedenen Sprachen heraus. Eine Liste der Länder, in denen sie tätig ist, findet man unter https://www.aa.org/pages/en_US/find-aa-resources/world/1

Im Fall von Drogenmissbrauch wendet man außerdem einige Medikamente an.[220] Dazu gehört die Umstellung von der bevorzugten Droge auf eine vermutlich weniger schädliche Droge, wodurch Entzugserscheinungen eingeschränkt werden und deren Ziel es ist, die Betroffenen allmählich ganz von ihrer Drogenabhängigkeit zu befreien.

Mehrere europäische Länder, darunter das Vereinigte Königreich, die Niederlande und die Schweiz, haben einen Ansatz gewählt, bei dem Drogenmissbrauch zunehmend als soziale Erkrankung und nicht als kriminelle Handlung betrachtet wird. Das Hauptaugenmerk liegt also auf der Schadensbegrenzung und nicht auf völliger Abstinenz. Dies kann sogar das Verschreiben von medizinischem Heroin bei Opiatkonsumenten mit spezifischen Schwierigkeiten beinhalten.[221]

Auf den ersten Blick mag der europäische Ansatz eine schlechte Lösung erscheinen, die die Beschwerden der Betroffenen eher aufrechterhält als sie behebt. Aber die Methode scheint einen gewissen Erfolg zu haben. In den USA gab es im Jahre 2018 z.B. zehnmal mehr Drogentote als in der Schweiz. (Bei diesem Vergleich wurden die Unterschiede in der Bevölkerungszahl der Länder bereits berücksichtigt.) Kurzum, beim Schweizer Ansatz gab es weniger Todesfälle unter Opiatabhängigen.[222]

Wie bereits zu Beginn dieses Abschnitts erwähnt, besteht unser allgemeiner Ansatz darin, unsere Patienten zu verstehen, indem wir ihre Lebensumstände auf eine umfassende Art und Weise betrachten und angehen. Drogenmissbrauch kann ein Thema bei der psychologischen Behandlung sein, ist aber oft mit vielen anderen Erfahrungen und Umständen im Leben einer Person verbunden. Wie wir in diesem Buch bereits erwähnt haben, waren und sind Migranten und Flüchtlinge oft starkem Stress ausgesetzt. Für einige Betroffene ist der Drogenmissbrauch ein Versuch, mit ihren Problemen fertig zu werden.[115] Dies kann jedoch zusätzliche Angst und Scham hervorrufen, insbesondere wenn in der Kultur oder Religion des Betroffenen starke Tabus hinsichtlich des Drogenkonsums herrschen. Daher ist es wichtig, dass die Gesundheitsdienstleister Verhaltensweisen nicht als „falsch" bewerten (was der Patient oft schon weiß), sondern ein sicheres Umfeld bieten, in dem konstruktive Lösungen gefunden und umgesetzt werden können.

KULTURELLE UND INTERKULTURELLE PSYCHOLOGIE

Einige Bereiche der Psychologie konzentrieren sich mehr auf Studien zum Verständnis der menschlichen Natur und der Probleme als auf die Entwicklung spezifischer Behandlungsmethoden. Diese Bereiche können unser Grundwissen darüber erweitern, wie wir die besten Dienstleistungen anbieten können. Zwei besonders wichtige Bereiche für die Arbeit mit Migranten sind die Kulturpsychologie und die interkulturelle Psychologie.

Die Kulturpsychologie untersucht, wie kulturelle Normen und Erfahrungen das psychologische Funktionieren von Menschen prägen.[223] Dies wird als ein wechselseitiger Prozess betrachtet. Kultur prägt Menschen und Menschen prägen Kultur.[224] Angesichts der kulturellen Veränderungen, die Migranten auf ihren Reisen häufig erleben, ist dies ein wichtiges Forschungsgebiet.

Ein weiterer Forschungsbereich ist die interkulturelle Psychologie. Die beiden Bereiche unterscheiden sich insofern, als dass die Kulturpsychologie eine Kultur untersucht, ohne sie unbedingt mit anderen zu vergleichen. Die kulturübergreifende Psychologie erforscht, inwiefern einige psychologische Prozesse universal sind und in verschiedenen Kulturen ähnlich ablaufen.[225]

Beide Forschungsbereiche liefern Informationen darüber, wie Therapeuten Betroffene aus anderen Kulturen verstehen und mit ihnen kommunizieren können. Dazu kann gehören, wie diese Betroffenen Gesundheit und Krankheit wahrnehmen und ob sie an traditionelle Heilmethoden glauben.[226]

TELEMEDIZIN UND ONLINE-FOREN

In unserem Buch *Immigrant Konzepte: Lebenswege zur Integration* erörtern wir in einem Kapitel, wie sich die COVID-19-Pandemie auf die Welt im Allgemeinen und die Migrantengemeinschaften im Besonderen ausgewirkt hat. Wir erörtern auch, wie sich unsere klinische Praxis anpassen musste, damit wir unseren Patienten im Rahmen der Pandemiebedingungen helfen und gleichzeitig die Richtlinien für die öffentliche Gesundheit einhalten können.

Verständlicherweise lag der wissenschaftliche Schwerpunkt auf der Entwicklung präventiver Impfstoffe und wirksamer medizinischer Behandlungen. Aber die Pandemie führte auch zu einer erhöhten emotionalen Belastung. Forscher, die Daten aus der gesamten USA ausgewertet haben, fanden beispielsweise heraus, dass Erwachsene im April und Mai 2020 dreimal häufiger über Angstzustände, Depressionen oder beides berichteten als in der ersten Jahreshälfte von 2019.[227] Darüber hinaus belegten Daten, die von Mental Health America von Februar bis August 2020 erhoben wurden, dass 388.961 Menschen über mittelschwere bis schwere Depressionen oder Angstzustände berichteten, die über das hinausgingen, was vor der COVID-19-Pandemie zu erwarten gewesen wäre. Darüber hinaus nahm die Zahl der Betroffenen mit Selbstmordgedanken unter Traumaüberlebenden dramatisch zu.[228] Eine Studie der Rand Corporation aus dem Jahr 2020 ergab außerdem einen Anstieg der Alkoholverkäufe in den USA um 54 % im Vergleich zu den Zahlen vor der COVID-Pandemie.

Angesichts der COVID-19-Restriktionen haben wir unsere Behandlungsmethoden während der Pandemie auf telemedizinische Dienste umgestellt. Die Umstellung auf eine Online-Telemedizin oder die Durchführung von Therapien per Telefon war zwar gewöhnungsbedürftig, aber die meisten unserer Patienten konnten sich problemlos auf die Veränderung einlassen. Gleichzeitig wurde deutlich, dass die von uns genutzte Technologie Vorteile mit sich brachte, die über den verbesserten Schutz vor dem COVID-Virus hinausgingen. Es ermöglichte eine flexiblere Terminplanung (Patienten mussten sich nicht mehr die Zeit nehmen, um für einen einstündigen Termin in unser Büro zu fahren). Auch nahm der Bedarf an Kinderbetreuung ab, damit die Eltern an der Therapiesitzung teilnehmen konnten. Darüber hinaus konnten Patienten, die aus beruflichen oder privaten Gründen verreist waren, ihre regulären Termine dennoch wahrnehmen. Telemedizin gab es natürlich schon vor der COVID-19-Pandemie. Aber diese Pandemie hat dazu geführt, dass sich sowohl Dienstleister als auch Patienten besser damit vertraut gemacht und erkannt haben, dass dies unter bestimmten Umständen auch seine Vorteile hat.

Aus diesen Gründen hat auch die Bewerbung von Online-Therapieplattformen zugenommen. Die manchmal auch als „E-Therapie" oder „Internettherapie" bezeichnete Online-Therapie ist nicht für Betroffene gedacht, die sich in einer psychischen Notlage befinden und dringend medizinische Hilfe benötigen. Sie kann jedoch eine regelmäßig Betreuung von Betroffenen leisten, die in unterversorgten ländlichen Gemeinden leben, die sich anfangs nicht trauen, ihr Haus zu verlassen, oder die aus anderen Gründen keinen Zugang zu einer Behandlung haben.

Bei der Online-Therapie hat man drei grundlegende Möglichkeiten zur Behandlung: Echtzeit-Chat, Video-Chat und Telefon-Chat. Wir haben festgestellt, dass Videokonferenzen am nützlichsten sind, da sie es dem Therapeuten und dem Patienten ermöglichen, sich gegenseitig zu sehen. Damit bieten sich mehr Möglichkeiten, eine Beziehung zwischen Therapeut und Patient aufzubauen. Im Bedarfsfall griffen wir auch auf Telefonanrufe zurück.

Trotz einiger Vorteile birgt die Telemedizin auch Nachteile. Um den Dienst nutzen zu können, muss der Patient Zugang zu einem Computer oder Telefon haben. Außerdem ist die Vertraulichkeit nicht bei allen Computerplattformen, einschließlich E-Mail-Konten, gewährleistet. Zwar können Patienten per E-Mail und SMS Fragen zur Therapie stellen, aber viele E-Mail-Adressen sind nicht automatisch sicher. Wir verwenden keine allgemein bekannten Online-Videochat-Anwendungen, sondern solche, die eigens für Gesundheitsdienstleister entwickelt wurden und die über die gesetzlich vorgeschriebene Gewährleistung der Geheimhaltung verfügen. Unserer Meinung nach verlangen die besten von ihnen nicht, dass der Patient etwas herunterlädt oder sich bei einer Plattform anmeldet.

Angesichts der Erfahrungen, die wir während der Pandemie gemacht haben, sind wir davon überzeugt, dass Videochats auch in Zukunft ein wichtiger Bestandteil unserer klinischen Praxis sein werden. Sie sind nicht für jeden geeignet, aber ermöglichen eine Flexibilität, die es bisher nicht gab. In den Jahren seit dem ersten Lockdown während der COVID-Pandemie hat dieses Format unsere Möglichkeiten, verschiedene Migranten- und Kulturgruppen zu betreuen, kaum beeinträchtigt. Unsere Erfahrung deckt sich mit Studien, die sich mit diesem Thema befasst haben.[229]

ERGÄNZENDE ANMERKUNGEN ZU BEHANDLUNGSMETHODEN

Ein Blick auf die internationalen Trends zeigt, dass einige Formen der psychologischen Behandlung in diversen Ländern an Beliebtheit gewonnen haben. Koç und Kollegen gaben beispielsweise einen Überblick darüber, welche Therapien in verschiedenen Teilen der Welt besonders beliebt sind.[230] Die psychodynamische Psychotherapie wird in Argentinien[195] sowie in Mexiko[196] bevorzugt. Dagegen wird in Spanien[231], Australien[232] und der Türkei[233] häufiger die CBT angewandt.

Während die meisten Therapeuten hauptsächlich mit dem einen oder anderen psychologischen Ansatz arbeiten, gibt es Zeiten, in denen wir eine größere Vielfalt von Elementen einbeziehen, je nachdem, was die Patienten brauchen. Dazu gehören auch Ernährung und körperliche Betätigung, um die allgemeine Gesundheit zu verbessern, sowie das Finden und Nutzen einer Vielzahl von sozialen Kontakten. Dazu ein Beispiel:

Fallbeispiel von Joachim Reimann:

Vor einigen Jahren arbeitete ich mit einer Patientin, die an einer schwerwiegenden und komplexen PTBS litt. Sie hatte in ihrem Herkunftsland mehrere traumatische Ereignisse erlebt und war sehr verschlossen. Sie sagte fast nichts, schien sich ihrer Umgebung nicht besonders bewusst zu sein und zeigte kaum Emotionen. Diese Patientin hatte auch körperliche Beschwerden, die ihre Bewegungsfreiheit einschränkten. Da sie kein Englisch sprach und große Schwierigkeiten hatte, sich zu konzentrieren, konnten wir viele Aspekte der Behandlung, die normalerweise im Rahmen von EMDR durchgeführt werden, nicht anwenden.

Zum Glück hatte sie Verwandte, die sie unterstützten. Wir entschieden uns für einen Ort, an dem sie spazieren gehen konnte, wenn auch nur kurze Stücke. Es gab Bänke, auf denen sie sich ausruhte. Der Ort lag in einem Park mit einem kleinen See voller Enten. Ihre erwachsene Tochter begann, mit ihr dort spazieren zu gehen. Da das Spazierengehen einen Hin- und Her-Rhythmus umfasst, argumentierten einige Therapeuten, dass es ein bilaterales stimulationsähnliches Element enthält, auch wenn es streng genommen nicht dasselbe ist.[234]

Mit der Zeit begann die Patientin, ihre Umgebung besser wahrzunehmen. Sie begann mehr zu sprechen und lächelte sogar einige Male. Unsere Behandlung bestand zwar nicht nur aus Spaziergängen, aber ich glaube, dass diese hilfreich waren. Die Patientin erhielt zudem die ganze Aufmerksamkeit von ihrer Tochter.

Sie war nicht mehr die ganze Zeit zu Hause. Sie bewegte sich mehr. Vor allem die Enten schienen es ihr sehr angetan zu haben.

Es muss noch einmal betont werden, dass diese Geschichte kein Beispiel dafür ist, wie EMDR formell angewendet wird. Es fehlen viele der übergreifenden Elemente und Strategien, die Bestandteil von EMDR sind. Wie bereits beschrieben, konnte ich keine kognitiven Übungen einbeziehen, die ein Standardbestandteil dieser Behandlungsmethode sind. EMDR-Experten könnten entgegnen, dass es zwar gesund sei, mit positiver Aufmerksamkeit von Verwandten spazieren zu gehen, dass dies aber nicht dem entspreche, was sie tatsächlich tun. Dennoch haben wir damit ein Element aufgenommen, das eine gewisse Überschneidung mit der „bilateralen Stimulation" aufweist. Das hat sich als hilfreich erwiesen – und letztendlich haben wir damit ein gutes Ergebnis erzielt.

KURZE AUSFÜHRUNG ZUM THEMA PSYCHIATRISCHER KLINIKAUFENTHALT

Psychiatrische Klinikaufenthalte sind wirklich der letzte Ausweg. Sie sind erforderlich, wenn Patienten so stark beeinträchtigt sind, dass sie nicht in der Lage sind, sich in der Gesellschaft zurechtzufinden und/oder eine Gefahr für sich oder andere darstellen. Einige Einweisungen in eine Klinik in den USA erfolgen „unfreiwillig", weil die Gefahr des Todes eines Betroffenen ohne eine solche Einweisung sehr groß ist. In diesen Fällen schreiten die Strafverfolgungsbehörden, psychosoziale Dienste und manchmal auch die Gerichte ein und verlangen die Einweisung in eine Klinik. Dieser Schritt wird nicht leichtfertig vollzogen, da dem Betroffenen damit vorübergehend ein Teil seiner individuellen Freiheit eingeschränkt wird. Andererseits begeben einige auch durchaus freiwillig in eine Klinik. Dies ist in jedem Fall vorzuziehen, denn wer sich über die eigene sofortige Hilfsbedürftigkeit im Klaren ist, ist auch eher zur aktiven Teilnahme bei ihrer Behandlung bereit.

Auch wenn die meisten Klinikmitarbeiter ihr Bestes tun, um den von ihnen betreuten Patienten zu helfen, kann eine Klinikumgebung problematisch sein. Es ist schwer, eine gute Therapie anzubieten, wenn sich so viele stark beeinträchtigte Personen an einem Ort befinden. Der wohl größte „therapeutische" Vorteil einer Klinik besteht darin, dass der Klinikaufenthalt darauf ausgerichtet ist, Betroffene vor Selbst- und Fremdgefährdung zu bewahren.

In den letzten Jahren hat die „Krisenstabilisierung" als Alternative zur vollstationären Behandlung an Bedeutung gewonnen. Krisenstabilisierungszentren bieten kurzfristige (in der Regel weniger als 24 Stunden), aber kontinuierliche und intensive psychosoziale Dienste für Betroffene an, die sich selbst gefährden könnten. Diese Leistungen werden in der Regel von einem Team aus Psychiatern, psychiatrischen Krankenpflegern und anderen psychosozialen Fachkräften erbracht. Der Grundgedanke besteht darin, Betroffenen zu helfen, eine unmittelbare Krise so weit zu entschärfen, dass sie sicher in ambulante Dienste in ihrer Gemeinschaft entlassen werden können.[235] Letztere haben sich als wirksam erwiesen, wenn sich die Patienten nicht in einer schwerwiegenden Notlage befinden.[236] Nach meiner (Joachim Reimanns) Erfahrung als Leiter einer Krisenstabilisierungseinheit in San Diego, Kalifornien, USA, wurden etwa 75 % der von uns betreuten Patienten sicher von einem vollstationären psychiatrischen Klinikaufenthalt entlassen. Die US Substance Abuse and Mental Health Services

Administration (SAMHSA) hat die Krisenstabilisierung in ihre National Guidelines for Behavioral Health Crisis Care, Best Practice Toolkit aufgenommen.[237]

EINIGE ANMERKUNGEN ZU KINDERN:

Kinder verfügen per Definition über geringere soziale Kenntnisse als Erwachsene. Einigen Forschungsergebnissen zufolge ist der Frontallappen des Gehirns, das Kontrollzentrum für ausgeklügelte Interaktionen in sozialen Situationen, erst im Alter von etwa 25 Jahren ausgereift.[238] Auf einer grundlegenden instinktiven Ebene sind sich Kinder jedoch bewusst, dass ihr Wohlergehen von den sie umgebenden Erwachsenen abhängt. Wenn die Erwachsenen nicht gut funktionieren, sehen die Kinder ihre Sicherheit beeinträchtigt und bedroht, und reagieren oft mit Angst und Wut. Bei der Erörterung der Diagnosekriterien für PTBS wird im DSM-5 darauf hingewiesen, dass Kinder eher zu Wutausbrüchen neigen, nachdem sie ein Trauma erlebt haben. Wenn Kinder lernen, dass ihre Wut nicht von ihren Eltern oder der Gesellschaft akzeptiert wird, entwickeln sie möglicherweise eine passiv-aggressive Strategie, um mit der Welt umzugehen.

Kurz gesagt, Kinder sind nicht einfach kleine Erwachsene, sie haben eine komplett andere Art zu denken und zu reagieren. Folglich sind Therapien, die auf logischen Gesprächen beruhen, bei ihnen weniger wirksam. Stattdessen können Ansätze, die verschiedene Spielformen nutzen, hilfreicher sein. Dazu ein Beispiel:

Fallbeispiel von Joachim Reimann:
Während meiner Arbeit als Psychologe in einer Jugendstrafanstalt behandelte ich ein 13-jähriges

mexikanisch-amerikanisches Mädchen. Sie hatte den Ruf, Regeln zu brechen und in Schwierigkeiten zu geraten. Bei der Konfrontation mit den Konsequenzen wurde sie wütend, beschimpfte andere Menschen und wurde körperlich aggressiv. Einige Bewährungshelfer in der Einrichtung bezeichneten sie deshalb als „asozial"

Statt mit diesem Mädchen ausführlich über die Probleme zu sprechen, die ihr Verhalten verursachte, begann ich, mit ihr Karten zu spielen. Minderjährige Inhaftierte spielen häufig Karten und kennen viele Kartenspiele. Ich kenne nur sehr wenige Kartenspiele. Das Mädchen wurde meine Lehrerin. Das gab ihr eine Macht in unserer Beziehung, die sie leicht hätte missbrauchen können. Aber sie tat es nicht. Stattdessen war sie sehr geduldig. Sie wies mich auf Fehler hin, die ich beim Lernen gemacht hatte und die sie leicht hätte nutzen können, um die Partien zu gewinnen. Es war klar, dass das Mädchen im Gegensatz zu ihrem Ruf Mitgefühl zeigte. Sie bat mich auch nicht um einen besonderen Gefallen, der gegen die institutionellen Regeln verstoßen hätte. Das gemeinsame Kartenspielen ermöglichte es mir, diese Funktionsweise zu beobachten und anzusprechen, einschließlich ihres Potenzials zur Besserung beim Bewährungsprogramm. Tatsächlich konnte sie die Haftanstalt verlassen und ihre Jugendakte versiegeln lassen, sodass diese ihr als Erwachsene keine Probleme bereiten würde.

EPILOG

Wie alle Bücher unserer Reihe bietet auch dieser Band Informationen über Gesundheit und Wohlbefinden, die hoffentlich für Migranten und diejenigen, die mit ihnen arbeiten, nützlich sind. Es ist wichtig, dass neue Erkenntnisse unter den Forschern in akademischen Fachzeitschriften ausgetauscht werden. So können Fachleute voneinander lernen und das Verständnis von psychischer Gesundheit und Krankheit noch weiter verfeinern. Doch leider erreicht dieses Wissen nicht immer die Betroffenen, die Hilfe brauchen. Wir versuchen, diese Lücke zu schließen.

Darüber hinaus ist es wichtig, die besonderen Umstände der vielen kulturell und sprachlich unterschiedlichen Migrantengruppen kennen zu lernen. Dies setzt voraus, dass wir uns mit der wissenschaftlichen (z.B. epidemiologischen - siehe Glossar) Forschung befassen. Aber es erfordert auch, dass wir den Mitgliedern der Gemeinschaft zuhören, die über die Umstände Bescheid wissen, die anderen außerhalb ihrer spezifischen Migrantengruppe vielleicht nicht bekannt sind.

Vor einigen Jahren erfuhren wir, dass mehrere junge Männer einer relativ kleinen Migrantengemeinschaft innerhalb eines kurzen Zeitraums Selbstmord begangen hatten. Diese Tatsache war nicht weithin bekannt. Hätten wir keine Verbindungen zu dieser spezifischen Gemeinschaft gehabt, hätten wir vielleicht gar nichts davon erfahren. Die Informationen waren natürlich alarmierend. Natürlich ist ein einziger Selbstmord bereits einer zu viel. Aber was wir hörten, klang wie eine Tendenz.

Was war die Ursache für diese Tendenz? Gab es noch mehr Betroffene, die an Selbstmord dachten oder bereits versucht hatten, sich das Leben zu nehmen? Es wurde darüber spekuliert, warum sich so viele Menschen dafür entschieden hatten, ihr Leben zu beenden. Auf diese Fragen gab es jedoch keine eindeutigen Antworten.

Was war also zu tun? Im Rahmen der Bemühungen von Organisationen auf Gemeinschaftsebene sind wir das Problem auf zwei Arten angegangen. Zunächst veranstalteten wir eine Reihe von Treffen in der Gemeinschaft, bei denen die Mitglieder Informationen über psychische Gesundheit erhielten und erfuhren, wo sie Hilfe suchen können. Dies war eine Möglichkeit, falsche Vorstellungen über psychische Gesundheit und Krankheit auszuräumen. Auch Dienstleister von psychologischen Diensten nahmen teil. Aber was vielleicht am wichtigsten war: Es wurden religiöse Führer einbezogen, die kulturelle Tabus hinsichtlich der Inanspruchnahme von Hilfe am besten auflösen können.

Zweitens veranstalteten wir eine Reihe von Workshops für Dienstleister von psychosozialen Diensten und anderen, die mit der betreffenden Gemeinschaft zusammenarbeiteten. Damit hofften wir, Betroffene in den spezifischen Umständen, die sich auf die Gemeinschaft auswirken, zu schulen und die medizinische Betreuung zu verbessern.

Kurz gesagt, wir hielten es für wichtig, hilfsbedürftige Betroffene zu ermutigten, Hilfe zu suchen. Wir hielten es auch für wichtig, dass diese Hilfe, wenn sie in Anspruch genommen wird, so wirksam wie möglich sein sollte.

Unsere Bemühungen waren eine Reaktion auf einen Notfall. Wir betonen aber, dass die von uns unternommenen Schritte (unter anderem) Teil eines systematischen, organisierten und kontinuierlichen Prozesses sein sollten. Wir müssen proaktiv und nicht reaktiv handeln! Hätte es ein solches System schon vorher gegeben, wäre es vielleicht nicht zu den Selbstmorden gekommen.

Wir hoffen, mit diesem Buch einen kleinen Beitrag dazu zu leisten, dass Migranten und diejenigen, die mit ihnen arbeiten, ein größeres Bewusstsein für die Bedürfnisse und Umstände entwickeln, die förderlich sind für die psychische Gesundheit und für das Wohlbefinden.

QUELLENANGABEN /
LITERATURHINWEISE

1. UNHCR: How many refugees are fleeing the crisis in Afghanistan? 15.09.2021. https://www.unrefugees.org/news/how-many-refugees-are-fleeing-the-crisis-in-afghanistan/
2. Human Rights Watch: Afghanistan Facing Famine. 11.11.2021. https://www.hrw.org/news/2021/11/11/afghanistan-facing-famine#
3. United Nations: UN News - Invasion of Ukraine: Neighbors struggle with refugee influx; UN expresses ‚horror' at Mariupol hospital attack. 9.03.2022. https://news.un.org/en/story/2022/03/1113652
4. Jordan M – A New Surge of Ukrainians at U.S. Border. *The New York Times*, 6.04.2022. https://www.nytimes.com/2022/04/06/us/ukraine-refugees-us-border.html
5. NPR: Why A Growing Number Of Haitian Migrants Are Headed To The U.S. 29.09.2021. https://www.npr.org/2021/09/29/1041462083/why-a-growing-number-of-haitian-migrants-are-headed-to-the-u-s
6. Al Jazeera: Poland-Belarus border: What you need to know about the crisis. 12.11.2021. https://www.aljazeera.com/news/2021/11/12/poland-belarus-border-what-you-need-to-know-about-the-crisis
7. Semuels A – Why isn't inflation ending? *Time Magazine*: Vol. 190 Issue 13, S. 42-47. 14.3.2022.
8. Schwartz SJ, Walsh SD, Ward C, Tartakovsky E, Weisskirch RS, Vedder P, Makarova E, Bardi A, Birman D, Oppedal B, Benish-Weisman M, Lorenzo-Blanco EI, Derya Güngör, Gonneke W J M Stevens, Benet-Martínez V, Titzmann PF, Silbereisen RK, Geeraert N – The role of psychologists in international migration research: Complementing other expertise and an interdisciplinary way forward. *Migration Studies*. 24.01.2020.

9. Schulherr S – *Eating Disorders for Dummies.* 2008. Dummies, a John Wiley & Sons, Inc. Brand.

10. World Health Organization: *The ICD-10 classification of mental and behavioural disorders: Clinical descriptions and diagnostic guidelines.* Genf, 1992.

11. American Psychiatric Association: *Diagnostic and statistical manual of mental disorders (5. Ausgabe).* Arlington VA, 2013.

12. American Psychological Association: Ethical Principles of Psychologists and Code of Conduct Ethics (Including 2010 and 2016 Amendments). https://www.apa.org/ethics/code

13. UNHCR: Insecurity, economic crisis, abuse and exploitation in Libya push refugees and migrants to Europe, new study reveals. 3.7.2017. https://www.unhcr.org/en-us/news/press/2017/7/595a03bb4/ insecurity-economic-crisis-abuse-exploitation-libya-push-refugees-migrants.html

14. UNICEF Advocacy *Brief: Exploitation, trafficking and smuggling can be avoided.* Okt. 2016. https://www.unicef.org/eca/sites/unicef.org.eca/files/press-releases/ EXPLOITATION_TRAFFICKING_ADVOCACY_2.pdf

15. Tennant C, McLean L – The impact of emotions on coronary heart disease risk. *Journal of Cardiovascular Risk.* Juni 2001; 8(3):175-83.

16. Serafica R, Lekhak N, Bhatta T – Acculturation, acculturative stress and resilience among older immigrants in United States. *International Nursing Review.* September 2019; 66(3):442-448.

17. Bustamante LHU, Cerqueira RO, Leclerc E, Brietzke E – Stress, trauma, and posttraumatic stress disorder in migrants: a comprehensive review. *Revista Brasileira de Psiquiatria.* 19.10.2017; 40(2):220-225.

18. Berry JW, Kim U, Minde T & Mok D – Comparative studies of acculturative stress. *International Migration Review. 1987;* 21:491-511.

19. Berry JW, & Kim U – Acculturation and mental health. In Dasen PR, Berry JW, & Sartorius N (Hrsg.), *Cross-cultural research and methodology series, 1988; Vol. 10. Health and cross-cultural psychology: Toward applications* (S. 207–236). Sage Publications, Inc.

20. Potochnick SR, Perreira KM – Depression and anxiety among first-generation immigrant Latino youth: key correlates and implications for future research. *Journal of Nervous and Mental Disease.* Juli 2010; 198(7):470-477.

21. Division 27 of the American Psychological Association: Statement on the Effects of Deportation and Forced Separation on Immigrants, their Families, and Communities. *American Journal of Community Psychology.* Sept. 2018;62:3-12.

22. Capps R, Gelatt J, Ariel G. Ruiz Ssoto A.G, & Van Hook J – Unauthorized Immigrants in the United States: Stable Numbers, Changing Origins. *Migration Policy Institute.* Dez. 2020. https://www.migrationpolicy.org/sites/default/files/publications/ mpi-unauthorized-immigrants-stablenumbers-changingorigins_final. pdf

23. Capps R, Koball H, Campetella A, Perreira K – Implications of Immigration Enforcement Activities for the Well Being of Children in Immigrant Families. *Migration Policy Institute,* Sep. 2015. https://www.urban.org/sites/default/files/alfresco/publication-exhibits/2000405/2000405-Implications-of-Immigration-Enforcement-Activities-for-the-Well-Being-of-Children-in-Immigrant-Families.pdf

24. Fact Sheet: U.S. Citizen Children Impacted by Immigration Enforcement, *American Immigration Council,* 24.06.2021. https://www.americanimmigrationcouncil.org/research/ us-citizen-children-impacted-immigration-enforcement

25. Borrego J Jr., Ortiz-González E, Gissandaner TD – Chapter 21 - Ethnic and Cultural Considerations. In Compton SN, Villabø MA, Kristensen H (Hrsg.). *Pediatric Anxiety Disorders.* 2019, S. 461-497. Elsevier Academic Press.

26. Williams DR, Haile R, González HM, Neighbors H, Baser R, Jackson JS – The mental health of Black Caribbean immigrants: results from the National Survey of American Life. *American Journal of Public Health.* Jan. 2007; 97(1):52-9.

27. Salas-Wright CP, Vaughn MG, Clark TT, Terzis LD, Córdova D – Substance use disorders among first-and second-generation immigrant adults in the United States: evidence of an immigrant paradox? *Journal of Studies on Alcohol and Drugs.* Nov. 2014; 75(6):958-967.

28. Kolker C – *The Immigrant Advantage: What we can learn from Newcomers to America about Health, Happiness, and Hope.* 2014, New York: Free Press

29. Lin JT, Mollan KR, Cerami C – The Consequences of Isolating at home. *Clinical and Infect Diseases*. 2.11.2021; 73(9):e2823.

30. Da Silva N, Dillon FR, Rose Verdejo T, Sanchez M, De La Rosa M – Acculturative Stress, Psychological Distress, and Religious Coping Among Latina Young Adult Immigrants. *The Counseling Psychologist*. Feb. 2017; 45(2):213-236.

31. Reimann JOF, Ghulam M, Rodríguez-Reimann DI, Beylouni MF – Project Salaam: Assessing mental health needs among San Diego's greater Middle Eastern and East African communities. *Ethnicity & Disease*. Sommer 2007; 17(2 Suppl 3):S3-39-S3-41.

32. Kent BV, Stroope S, Kanaya AM, Zhang Y, Kandula NR, Shields AE – Private religion/spirituality, self-rated health, and mental health among US South Asians. *Quality of Life Research*. Feb. 2020; 29(2):495-504.

33. Smokowski PR, Roderick R, Bacallao ML – Acculturation and Latino Family Processes: How Cultural Involvement, Biculturalism, and Acculturation Gaps Influence Family Dynamics. *Family Relations*. 2008; 57(3):295-308.

34. Perez RM – Linguistic Acculturation and Context on Self-Esteem: Hispanic Youth Between Cultures. *Child and Adolescent Social Work Journal*. 2011; 28(3):203-228.

35. Bedard P – Report: Illegal immigration leads to 2,200 deaths, 118,000 rapes, 138,000 assaults. *Washington Examiner*. 21.08.2018. https://www.washingtonexaminer.com/washington-secrets/report-illegal-immigration-leads-to-2-200-deaths-118-000-rapes-138-000-assaults

36. Arthur AR – An Incredibly Violent Journey to the United States: The perils of illegal immigration. *Center for Immigration Studies*. 25.10.2018. https://cis.org/Arthur/Incredibly-Violent-Journey-United-States

37. European Union Agency for Fundamental Rights: *Current migration situation in the EU: Torture, trauma, and its possible impact on drug use*. 24.02.2017. https://fra.europa.eu/sites/default/files/fra_uploads/fra-february-2017-monthly-migration-report-focus-torture-trauma_en.pdf

38. The International Organization of Migration (IOM) *Missing Migrants Project*, 2019 Migration Data Portal the Bigger Picture, aktualisiert am 17.03.2020. https://missingmigrants.iom.int/

39. Four dead, dozens injured after suspected smuggling boat capsizes near San Diego. *NPR*, 3.05.2021.

40. At Least 27 Dead After Migrant Boat Capsizes in English Channel, *The New York Times*. 24.11.2021.
https://www.nytimes.com/2021/11/24/world/europe/migrants-boat-capsize-calais.html

41. Nesteruk O – Immigrants Coping with Transnational Deaths and Bereavement: The Influence of Migratory Loss and Anticipatory Grief. *Family Process*. Dez. 2018; 57(4):1012-1028.

42. Mayo Clinic, Disease Reference, Complicated Grief. 13.12.2022.
https://www.mayoclinic.org/diseases-conditions/complicated-grief/symptoms-causes/syc-20360374

43. Kübler-Ross E – *On Death and Dying*. Milton Park: Routledge. 1969.

44. Traguetto J, Guimaraes TA – Therapeutic Jurisprudence and Restorative Justice in Brazil. *International Journal of Offender Therapy and Comparative Criminology*. Mai 2020; 64(6-7):654-673.

45. Decker MR, Holliday CN, Hameeduddin Z, Shah R, Miller J, Dantzler J, Goodmark L – Defining Justice: Restorative and Retributive Justice Goals Among Intimate Partner Violence Survivors. *Journal of Interpersonal Violence*. 1.08.2020; 886260520943728.

46. Killikelly C, Bauer S, Maercker A – The Assessment of Grief in Refugees and Post-conflict Survivors: A Narrative Review of Etic and Emic Research. *Frontiers in Psychology*. 22.10.2018; 9:1957.

47. Nesteruk O – Immigrants Coping with Transnational Deaths and Bereavement: The Influence of Migratory Loss and Anticipatory Grief. *Family Process*. Dez. 2018; 57(4):1012-1028.

48. Smith HY & Jeffers SL – *ABC's of healthy grieving: light for a dark journey*. 2001. Shawnee Mission Medical Center Foundation.

49. Tinghög P, Malm A, Arwidson C, Sigvardsdotter E, Lundin A, Saboonchi F – Prevalence of mental ill health, traumas and postmigration stress among refugees from Syria resettled in Sweden after 2011: a population-based survey. *BMJ Open*. 29.12.2017; 7(12).

50. QIASS Qatar International Academy for Security Studies: Syria: *The Humanitarian-Security Nexus*. März 2017.

51. Perreira KM, Ornelas I – Painful Passages: Traumatic Experiences and Post-Traumatic Stress Among Immigrant Latino Adolescents and

Their Primary Caregivers. *International Migration Review*. Dez. 2013; 47(4).

52. Reuters Factbox: Evacuations from Afghanistan by country. 30.08.2021.
https://www.reuters.com/world/
evacuations-afghanistan-by-country-2021-08-26/

53. Grossman P – UN Rights Body Needs to Investigate Abuses in Afghanistan, Human Rights Watch. 23.08.2021.
https://www.hrw.org/news/2021/08/23/
un-rights-body-needs-investigate-abuses-afghanistan

54. The women who hunted the Taliban. *The Week*, 13.05.2022, S. 36-37.

55. Cook C – Rebuilding Ukraine after the War. *Center for Strategies and International Studies*, 22.03.2022.
https://www.csis.org/analysis/rebuilding-ukraine-after-war

56. Molina C, Zambrana RE & Aguirre-Molina M – The influence of culture, class, and environment on health care. In Molina CW & Aguirre-Molina M (Hrsg.) *Latino health in the U.S.: A growing challenge*. 1994 (S. 23-43), Washington, D.C.: American Public Health Association.

57. Hinton DE, Pich V, Marques L, Nickerson A, Pollack MH – Khyâl attacks: a key idiom of distress among traumatized Cambodia refugees. *Culture, Medicine and Psychiatry*. Juni 2010 ;34(2):244-78.

58. Tydel M & Egit M – The concept of monogenic disorders. *Medicine & Law*, 1998 7:167-176.

59. Kaplan HI & Sadock BJ – Synopsis of Psychiatry (6. Ausgabe) 1991. Baltimore: Williams & Wilkins.

60. Mott FW – The Chadwick Lecture On Mental Hygiene and Shell Shock During and After the War. *British Medical Journal*, 14.07.1917. 2:39-42.

61. Slovenko R – Introduction. In Simon RI (Hrsg.) *Posttraumatic Stress Disorder in litigation: Guidelines for forensic assessment*. 1995 (Seiten xix-xxvii) Washington, D.C.: American Psychiatric Press.

62. Jowett S, Karatzias T, Shevlin M, Albert I – Differentiating symptom profiles of ICD-11 PTSD, complex PTSD, and borderline personality disorder: A latent class analysis in a multiply traumatized sample. *Journal of Personality Disorders*. Jan. 2020; 11(1):36-45.

63. Ramos Z, Fortuna LR, Porche MV, Wang Y, Shrout PE, Loder S, McPeck S, Noyola N, Toro M, Carmona R, Alegría M

– Posttraumatic Stress Symptoms and their Relationship to Drug and Alcohol use in an International Sample of Latino Immigrants. *Journal of Immigrant and Minority Health.* Juni 2017; 19(3):552-561.

64. Rivara F, Adhia A, Lyons V, Massey A, Mills B, Morgan E, Simckes M, Rowhani-Rahbar A – The Effects of Violence On Health. *Health Affairs (Millwood).* Okt. 2019; 38(10):1622-1629.

65. Zito D – Kindersoldaten als Flüchtlinge in Deutschland *Praxis der Kinderpsychologie und Kinderpsychiatrie.* 2016;65(10):763-780. PMID: 27923337

66. Bremner JD – Traumatic stress: effects on the brain. *Dialogues in Clinical Neuroscience.* Dez. 2006 8(4):445-61.

67. Fitzgerald JM, DiGangi JA, Phan KL – Functional Neuroanatomy of Emotion and Its Regulation in PTSD. *Harvard Review of Psychiatry.* Mai/Juni 2018; 26(3):116-128.

68. U.S. Department of Veteran Affairs: Veteras Health Library. Anger, Trauma, and PTSD https://www.veteranshealthlibrary.va.gov/142,AD1036_VA

69. Bryant A – *Mindful Anger the Art of Transforming a Difficult Emotion into a Powerful Therapeutic Tool.* 2014, New York NY: WW Norton & Company.

70. Sapolsky RM – Stress and plasticity in the limbic system. *Neurochemical Research.* Nov. 2003;28(11):1735-42.

71. Arcadi P, Simonetti V, Ambrosca R, Cicolini G, Simeone S, Pucciarelli G, Alvaro R, Vellone E, Durante A – Nursing during the COVID-19 outbreak: A phenomenological study. *Journal of Nursing Management.* Jul. 2021; 29(5):1111-1119.

72. Ebren G, Demircioğlu M, Çırakoğlu OC – A neglected aspect of refugee relief works: Secondary and vicarious traumatic stress. *Journal of Trauma Stress.* 24.02.2022 (Epub).

73. Friedman-Gell L & Barron J – *Intergenerational Trauma Workbook.* 2020 Emeryville CA: Rockridge Press.

74. McPherson JI – Traumatic brain injury among refugees and asylum seekers. *Disability and Rehabilitation.* Mai 2019; 41(10):1238-1242.

75. Hendrickson RC, Schindler AG, Pagulayan KF – Untangling PTSD and TBI: Challenges and Strategies in Clinical Care and Research. *Current Neurology and Neuroscience Reports.* 8.11.2018; 18(12):106.

76. American Psychiatric Association: *Diagnostic and Statistical Manual of Mental Disorders (4. Auflage), Text Revision* (DSM-IV-TR9). 2000 Arlington, VA:

77. Bandelow B, Michaelis S – Epidemiology of anxiety disorders in the 21st century. *Dialogues in Clinical Neuroscience*. Sept. 2015; 17(3):327-335.

78. Szaflarski M, Cubbins LA, Meganathan K – Anxiety Disorders among US Immigrants: The Role of Immigrant Background and Social-Psychological Factors. *Issues in Mental Health Nursing*. April 2017; 38(4):317-326.

79. Kerridge BT, Chou SP, Pickering RP – Substance Use and Psychiatric Disorders Among Mexican Americans and Non-Hispanic Whites by Immigration Status. *Primary Care Companion for CNS Disorders*. 28.02.2019; 21(1):18m02359.

80. Søegaard EGI, Kan Z, Koirala R, Hauff E, Thapa SB – Variations in psychiatric morbidity between traumatized Norwegian, refugees and other immigrant patients in Oslo. *Nordic Journal of Psychiatry*. Aug. 2020; 74(6):390-399.

81. Brander G, Pérez-Vigil A, Larsson H, Mataix-Cols D – Systematic review of environmental risk factors for Obsessive-Compulsive Disorder: A proposed roadmap from association to causation. *Neuroscience & Biobehavioral Reviews*. Juni 2016; 65:36-62.

82. Foo SQ, Tam WW, Ho CS, Tran BX, Nguyen LH, McIntyre RS, Ho RC – Prevalence of Depression among Migrants: A Systematic Review and Meta-Analysis. *International Journal of Environmental Research and Public Health*. 12.09.2018; 15(9).

83. Szaflarski M, Cubbins LA, Bauldry S, Meganathan K, Klepinger DH, Somoza E – Major Depressive Disorder and Dysthymia at the Intersection of Nativity and Racial-Ethnic Origins. *Journal of Immigrant and Minority Health*. Aug. 2016; 18(4):749-763.

84. Vandeleur CL, Fassassi S, Castelao E, Glaus J, Strippoli MF, Lasserre AM, Rudaz D, Gebreab S, Pistis G, Aubry JM, Angst J, Preisig M – Prevalence and correlates of DSM-5 major depressive and related disorders in the community. *Psychiatry Research*. Apr. 2017; 250:50-58

85. Dykxhoorn J, Hollander AC, Lewis G, Magnusson C, Dalman C, Kirkbride JB – Risk of schizophrenia, schizoaffective, and bipolar disorders by migrant status, region of origin, and age-at-migration:

a national cohort study of 1.8 million people. *Psychological Medicine.* Okt. 2019; 49(14):2354-2363.

86. Sartorius N, Jablensky A, Korten A, Ernberg G, Anker M, Cooper JE, Day R – Early manifestations and first-contact incidence of schizophrenia in different cultures. A preliminary report on the initial evaluation phase of the WHO Collaborative Study on determinants of outcome of severe mental disorders. *Psychological Medicine.* Nov. 1986; 16(4):909-28.

87. Dapunt J, Kluge U, Heinz A – Risk of psychosis in refugees: a literature review. *Translational Psychiatry.* 13.06.2017; 13;7(6).

88. Hollander AC, Dal H, Lewis G, Magnusson C, Kirkbride JB, Dalman C – Refugee migration and risk of schizophrenia and other non-affective psychoses: cohort study of 1.3 million people in Sweden. *BMJ.* 15..03.2016; 352:i1030.

89. Brandt L, Henssler J, Müller M, Wall S, Gabel D, Heinz A – Risk of Psychosis Among Refugees: A Systematic Review and Meta-analysis. *JAMA Psychiatry.* 1.11.2019; 76(11):1133-1140.

90. Cantor-Graae E, Selten JP – Schizophrenia and migration: a meta-analysis and review. *American Journal of Psychiatry.* Jan. 2005; 162:12–24.

91. Werbeloff N, Levine SZ, Rabinowitz J – Elaboration on the association between immigration and schizophrenia: a population-based national study disaggregating annual trends, country of origin and sex over 15 years. *Social Psychiatry and Psychiatric Epidemiology.* Feb. 2012; 47:303–311.

92. Shekunov J – Immigration and Risk of Psychiatric Disorders: A Review of the Existing literature. *The American Journal of Psychiatry,* Residents' Journal. 2016; 11(2):3-5. https://psychiatryonline.org/doi/10.1176/appi.ajp-rj.2016.110202

93. Eisenbruch M – From post-traumatic stress disorder to cultural bereavement: diagnosis of Southeast Asian refugees. *Social Science & Medicine* 1991; 33:673–680.

94. Vermeiden M, Janssens M, Thewissen V, et al. – Cultural differences in positive psychotic experiences assessed with the Community Assessment of Psychic Experiences-42 (CAPE-42): a comparison of student populations in the Netherlands, Nigeria and Norway. *BMC Psychiatry.* 06.08.2019; 19(1):244.

95. Magallón-Neri EM, Canalda G, De la Fuente JE, Forns M, García R, González E, Castro-Fornieles J – The influence of personality disorders on the use of mental health services in adolescents with psychiatric disorders. *Comprehensive Psychiatry*. Jul. 2012; 53(5):509-15.

96. Salas-Wright CP, Kagotho N, Vaughn MG – Mood, anxiety, and personality disorders among first and second-generation immigrants to the United States. *Psychiatry Research*. 30.12.2014; 220(3):1028-36.

97. Baleydier B, Damsa C, Schutzbach C, Stauffer O, Glauser D – Étude comparative des caractéristiques sociodémographiques et des facteurs prédictifs de soins de patients suisses et étrangers consultant un service d'urgences psychiatriques. *Encephale*. Mai-Juni 2003; 29(3 Pt 1):205-12.

98. Lumen Learning. Abnormal Psychology. Paranoid Personality Disorder. https://courses.lumenlearning.com/abnormalpsychology/chapter/paranoid-personality-disorder/

99. Chaney JR – *SCHIZOID: The Native Immigrant*. 9.02.2018. Im Selbstverlag veröffentlicht.

100. Martens WHJ – Terrorist with Antisocial Personality Disorder. *Journal of Forensic Psychology Practice*. 28.03.2003; S. 45-56.

101. Merari A – *Driven to death: Psychological and social aspects of suicide terrorism*. 2.12.2010; Oxford, UK: Oxford University Press.

102. Chavira DA, Grilo CM, Shea MT, Yen S, Gunderson JG, Morey LC, Skodol AE, Stout RL, Zanarini MC, McGlashan TH – Ethnicity and four personality disorders. *Comprehensive Psychiatry*. Nov.-Dez. 2003; 44(6):483-91.

103. Rodda SN, Lubman DI – The challenge of routine follow-up in e-mental health services. *Australian and New Zealand Journal of Psychiatry*. Mai 2014; 48(5):488-9.

104. Pascual JC, Malagón A, Córcoles D, Ginés JM, Soler J, García-Ribera C, Pérez V, Bulbena A – Immigrants and borderline personality disorder at a psychiatric emergency service. *British Journal of Psychiatry*. Dez. 2008; 193(6):471-476.

105. Paris J – Cultural factors in the emergence of borderline pathology. *Psychiatry*. Sommer 1996; 59(2):185-92.

106. Lyons PA, Coursey LE & Kenworthy JB – National Identity and Group Narcissism as Predictors of Intergroup Attitudes Toward

Undocumented Latino Immigrants in the United States. *Hispanic Journal of Behavioral Sciences*, Juli 2013; 35 (3): 323.

107. Westphal M, Olfson M, Bravova M, Gameroff MJ, Gross R, Wickramaratne P, Pilowsky DJ, Neugebauer R, Shea S, Lantigua R, Weissman M, Neria Y – Borderline personality disorder, exposure to interpersonal trauma, and psychiatric comorbidity in urban primary care patients. *Psychiatry*. Winter 2013; 76(4):365-80.

108. Mustelin L, Hedman AM, Thornton LM, Kuja-Halkola R, Keski-Rahkonen A, Cantor-Graae E, Almqvist C, Birgegård A, Lichtenstein P, Mortensen PB, Pedersen CB, Bulik CM – Risk of eating disorders in immigrant populations. *Acta Psychiatrica Scandinavica*. Aug. 2017; 136(2):156-165.

109. Renzaho AM – Fat, rich and beautiful: changing socio-cultural paradigms associated with obesity risk, nutritional status and refugee children from sub-Saharan Africa. *Health Place*. 2004; 10:105–13.

110. Musaiger AO, Shahbeek NE, Al-Mannai M – The role of social factors and weight status in ideal body-shape preferences as perceived by Arab women. *Journal of Biosocial Science*. Nov. 2004; 36:699–707.

111. Naigaga DA, Jahanlu D, Claudius HM et al. – Body size perceptions and preferences favor overweight in adult Saharawi refugees. *Nutrition Journal*. 09.02.2018.

112. United Nations: Office on Drugs and Crime. UNODC *World Drug Report 2020: Global drug use rising; while COVID-19 has far-reaching impact on global drug markets*. 25.06.2020. https://www.unodc.org/unodc/press/releases/2020/June/media-advisory---global-launch-of-the-2020-world-drug-report.html

113. Centers for Disease Control and Prevention. *Overdose Deaths Accelerating During COVID-19*. Pressemitteilung. 17.12.2020. https://www.cdc.gov/media/releases/2020/p1218-overdose-deaths-covid-19.html

114. National Center for Drug *Abuse Statistics*. *Drug Abuse Statistics*. https://drugabusestatistics.org/

115. National Institute on Alcohol Abuse and Alcoholism. (2005). Module 10F: Immigrants, refugees, and alcohol. In *NIAAA: Social work education for the prevention and treatment of alcohol use disorders* (NIH publication). Washington, D.C.

116. Caetano R. Clark CL, Tam T – Alcohol consumption among racial/ethnic minorities: Theory and research. *Journal of Alcohol, Health, and Research*. 1998; 22(4):233–241.

117. Alhashimi FH, Khabour OF, Alzoubi KH, Al-Shatnawi SF – Attitudes and beliefs related to reporting alcohol consumption in research studies: a case from Jordan. *Pragmatic and Observational Research*. 9.10.2018; 9:55-61.

118. Koneru VK, Weisman de Mamani A, Flynn PM, Betancourt H – Acculturation and mental health: Current findings and recommendations for future research, *Applied and Preventive Psychology*. Dez. 2007 76–96.

119. National Institute on Alcohol Abuse and Alcoholism. *Module 10F: Immigrants, refugees, and alcohol.* In Social work education for the prevention and treatment of alcohol use disorders. Washington, D.C.https://slideplayer.com/slide/3841167/

120. Murray K & Parisi T – *Addiction and Refugees and Immigrants.* Addiction Center. 02.03.2020. https://www.addictioncenter.com/addiction/refugees-immigrants/

121. Odenwald M, al'Absi M – Khat use and related addiction, mental health and physical disorders: the need to address a growing risk. *Eastern Mediterranean Health Journal*. 1.5.2017; 23(3):236-244.

122. Manghi R, Broers B, Khan R, Benguettat D, Khazaal Y, Zullino DF – Khat use: lifestyle or addiction. *Journal of Psychoactive Drugs*. März 2009; 41(1):1–10.

123. Katselou M, Papoutsis I, Nikolaou P, Qammaz S, Spiliopoulou C, Athanaselis S – Fenethylline (Captagon) Abuse - Local Problems from an Old Drug Become Universal. *Basic & Clinical Pharmacology & Toxicology*. Aug. 2016; 119(2):133-40.

124. Crocq MA – Historical and cultural aspects of man's relationship with addictive drugs. *Dialogues in Clinical Neuroscience*. Dez. 2007; 9(4):355-361.

125. National Institute on Drug Abuse. *Overdose Death Rates.* https://www.drugabuse.gov/drug-topics/trends-statistics/overdose-death-rates

126. World Health Organization, Fact Sheet, *Opioid overdose.* https://www.who.int/news-room/fact-sheets/detail/opioid-overdose

127. Kocamer Şimşek B, Dokur M, Uysal E, Çalıker N, Gökçe ON, Deniz İK, Uğur M, Geyik M, Kaya M, Dağlı G – Characteristics of the

injuries of Syrian refugees sustained during the civil war. *Ulusal travma ve acil cerrahi dergisi (Turkish Journal of Trauma & Emergency Surgery).* Mai 2017; 23(3):199-206.

128. Bartovic J – Injuries and violence in migrants and refugees as a major health challenge. *European Journal of Public Health*, Volume 30, Issue Supplement 5. Sept. 2020.

129. Moyce SC, Schenker M – Occupational Exposures and Health Outcomes Among Immigrants in the USA. *Current Environmental Health Reports.* Sept. 2017; 4(3):349-354.

130. Dragioti E, Tsamakis K, Larsson B, Gerdle B – Predictive association between immigration status and chronic pain in the general population: results from the SwePain cohort. *BMC Public Health.* 29.09.2020; 20(1):1462.

131. Solecki S, Turchi R – Pharming: pill parties can be deadly for teens. *Contemporary Pediatrics.* 1.11.2014. https://www.contemporarypediatrics.com/view/ pharming-pill-parties-can-be-deadly-teens

132. World Health Organization. *Suicide Data.* https://www.who.int/data/gho/data/themes/mental-health/ suicide-rates

133. Schwartz A – College Student Suicide in the United States: 1990-1991 through 2003-2004. *Journal of American College Health.* Mai-Juni 2006; 54 (6):341–352

134. Curtin SC, Warner M, Hedegaard H – Increase in suicide in the United States, 1999–2014. *NCHS Data Brief.* April 2016. https://pubmed.ncbi.nlm.nih.gov/27111185/

135. Puzo Q , Mehlum, L, Qin P – Rates and characteristics of suicide by immigration background and Norway. *PLOS ONE.* 28.09.2018. https://journals.plos.org/plosone/article?id=10.1371/journal. pone.0205035

136. Brennecke G, Stoeber FS, Kettner M, et al. – Suicide among immigrants in Germany. *Journal of Affective Disorders.* 1.9.2020; 274:435-443.

137. Khan F, Waheed W – Suicide and self-harm in South Asian immigrants (Review), *Psychiatry,* 2009 8(7):261-264.

138. Hedna K, Hensing G, Skoog I, Fastbom J, Waern M – Sociodemographic and gender determinants of late-life suicide in

users and non-users of antidepressants. *European Journal of Public Health.* 12.7.2020; 30(5):958-964.

139. Kubista MG – Higher suicide risk among older immigrants with untreated depression. *Medical Xpress: Psychology & Psychiatry.* 8.10.2020. https://medicalxpress.com/news/2020-10-higher-suicide-older-immigrants-untreated.html

140. Fortuna LR, Álvarez K, Ramos Ortiz Z, et al. – Mental health, migration stressors and suicidal ideation among Latino immigrants in Spain and the United States. *European Psychiatry.* Aug. 2016; 36:15-22.

141. Wilkowski BM, Robinson MD – The anatomy of anger: an integrative cognitive model of trait anger and reactive aggression. *Journal of Personality.* Feb. 2010; 78(1):9-38.

142. Davis B – What are the three types of anger? MVOrganizing. 06.09.2020. https://www.mvorganizing.org/what-are-the-three-types-of-anger/

143. McKay M & Rogers P – *The anger control workbook.* (2000) Oakland, CA: New Harbinger Publications Inc.

144. US Department of Veterans Affairs, National Center for PTSD. *Anger and Trauma.* https://www.ptsd.va.gov/understand/related/anger.asp

145. Massimo LM, Bazzari M, Caprino D – Severe side effects of health migration: stress and anger. *Minerva Pediatrica.* Dez. 2012; 64(6):649-54.

146. Yanar B, Kosny A, Smith PM – Occupational Health and Safety Vulnerability of Recent Immigrants and Refugees. *International Journal of Environmental Research and Public Health.* 14.09.2018; 15(9):2004.

147. Zoni AC, Domínguez-Berjón MF, Esteban-Vasallo MD, Velázquez-Buendía LM, Blaya-Nováková V, Regidor E – Injuries Among Immigrants Treated in Primary Care in Madrid, Spain. *Journal of Immigrant and Minor Health.* Apr. 2018; 20(2):456-464.

148. Chang J, Miller DP – Injuries Among School-aged Children of Immigrants. *Journal of Immigrant and Minor Health.* Aug. 2018; 20(4):841-847

149. Dias J, Echeverria S, Mayer V, Janevic T – Diabetes Risk and Control in Multi-ethnic US Immigrant Populations. *Current Diabetes Reports.* 20.11.2020; 20(12):73.

150. Zilliox LA – Neuropathic Pain. Continuum (Minneap Minn). Apr. 2017; 23(2, *Selected Topics in Outpatient Neurology*:512-532.

151. *Bottom Line's Health Breakthroughs 2020.* Bottom Line, Inc.

152. Chen Y, Mo F, Yi Q, Morrison H, Mao Y – Association between mental health and fall injury in Canadian immigrants and non-immigrants. *Accident Analysis & Prevention.* Okt. 2013; 59:221-6.

153. Lumley MA, Cohen JL, Borszcz GS, Cano A, Radcliffe AM, Porter LS, Schubiner H, Keefe FJ – Pain and Emotion: A Biopsychosocial Review of Recent Research. *Journal of Clinical Psychology.* Dept. 2011; 67(9):942-968.

154. Perlis ML, Benson-Jungquist C, Smith MT, Posner DA – Cognitive-Behavioral Treatment of Insomnia A Session by Session Guide. New York NY: Springer.

155. Rasch B, Born J – About sleep's role in memory. *Physiological Review.* Apr. 2013; 93(2):681-766.

156. Sleep and Sleep Disorders, Center for Disease Control and Prevention.
https://www.cdc.gov/sleep/index.html

157. Science of Sleep, *Time Special Edition.* 2020.

158. Pronk A, Ji BT, Shu XO, Xue S, Yang G, Li HL, Rothman N, Gao YT, Zheng W, Chow WH – Night-shift work and breast cancer risk in a cohort of Chinese women. *American Journal of Epidemiology.* 01.05.2010; 171(9):953-959.

159. Yuan X, Zhu C, Wang M, Mo F, Du W, Ma X – Night Shift Work Increases the Risks of Multiple Primary Cancers in Women: A Systematic Review and Meta-analysis of 61 Articles. *Cancer Epidemiology Biomarkers and Prevention.* Jan. 2018; 27(1):25-40.

160. Vetter C, Devore EE, Wegrzyn LR, Massa J, Speizer FE, Kawachi I, Rosner B, Stampfer MJ, Schernhammer ES – Association Between Rotating Night Shift Work and Risk of Coronary Heart Disease Among Women. *JAMA.* 26.04.2016; 315(16):1726-34.

161. Institute of Medicine. 2002. *Unequal treatment: Confronting racial and ethnic disparities in health care.* Washington, D.C.: National Academy Press.

162. American Psychiatric Association Fact Sheet: Mental Health Disparities: Hispanics and Latinos. https://www.psychiatry.org/File%20Library/Psychiatrists/Cultural-Competency/Mental-Health-Disparities/Mental-Health-Facts-for-Hispanic-Latino.pdf

163. Alemi Q, Mefom E, Montgomery S, Koga PM, Stempel C, Reimann JOF. Acculturative stress, stigma, and mental health challenges: emic perspectives from Somali young adults in San Diego county's ‚Little Mogadishu'. *Ethnicity & Health*. 13.04.2021 (Epub); 13:1-17.

164. Kroening ALH, Dawson-Hahn E – Health Considerations for Immigrant and Refugee Children. *Advances in Pediatrics*. Aug. 2019; 66:87-110.

165. Reimann JOF, Talavera GA, Salmon M, Nuñez J, Velasquez RJ – Cultural competence among physicians treating Mexican Americans who have diabetes: A structural model. *Social Science & Medicine*. Dez. 2004; 59:2195-2205.

166. US Health & Human Services, Office of Minority Health. The National CLAS Standards. https://minorityhealth.hhs.gov/omh/browse.aspx?lvl=2&lvlid=53

167. Singh NN, McKay JD, Singh AN – The need for cultural brokers in mental health services. *Journal of Child and Family Studies*. März 1999; 8(1):1-10.

168. Mews C, Schuster S, Vajda C, et al. – Cultural Competence and Global Health: Perspectives for Medical Education - Position paper of the GMA Committee on Cultural Competence and Global Health. *GMS Journal for Medical Education*. 15.08.2018; 35(3):1-17.

169. Dyches C, Haynes-Ferere A, Haynes T – Fostering Cultural Competence in Nursing Students Through International Service Immersion Experiences. *Journal of Christian Nursing*. Apr./Jun. 2019; 36(2):E29-E35.

170. Larson KL, Ott M, Miles JM – International cultural immersion: en vivo reflections in cultural competence. *Journal of Cultural Diversity*. Sommer 2010; 17(2):44-50.

171. Birman D, Beehler S, Harris EM, Everson ML, Batia K, Liautaud J, Frazier S, Atkins M, Blanton S, Buwalda J, Fogg L, Cappella E – International Family, Adult, and Child Enhancement Services (FACES): a community-based comprehensive services model for

refugee children in resettlement. *American Journal of Orthopsychiatry.* Jan. 2008; 78(1):121-32.

172. Giddings LS & Grant BM – Mixed methods research for the novice researcher. *Contemporary Nurse.* Okt. 2006; 23:3-11.

173. Reimann JOF, Rodríguez-Reimann DI – Community based health needs assessments with culturally distinct populations. In Pelham A & Sills E (Hrsg.) *Promoting Health & Wellness in Underserved Communities: Multidisciplinary Perspectives through Service Learning* (S. 82-100), Sterling, VA: Stylus Publishing.

174. Arnetz J, Rofa Y, Arnetz B, Ventimiglia M, Jamil H – Resilience as a protective factor against the development of psychopathology among refugees. *Journal of Nervous and Mental Disease.* 2013; 201(3):167–72.

175. Pargament KI & Cummings J – Anchored by faith: Religion as a resilience factor. In Reich JW, Zautra AJ & Hall JS (Hrsg.), *Handbook of adult resilience.* 2010 (S. 193–210). New York, NY: The Guilford Press.

176. Ng F – The interface between religion and psychosis. *Australasian Psychiatry.* Feb. 2007; 15(1):62-6.

177. Grover S, Davuluri T, Chakrabarti S – Religion, spirituality, and schizophrenia: a review. *Indian Journal of Psychological Medicine.* April-Juni 2014; 36(2):119-124.

178. Abu-Ras W, Gheith A, Cournos F – The Imam's Role in Mental Health Promotion: A Study at 22 Mosques in New York City's Muslim Community. *Journal of Muslim Mental Health.* Dez. 2008; 3(2):155-176.

179. Heseltine-Carp W, Hoskins M – Clergy as a frontline mental health service: a UK survey of medical practitioners and clergy. *General Psychiatry.* 23.10.2020; 33(6):e100229.

180. Glasser W – *Reality Therapy: A new Approach to Psychiatry*, 1975, New York NY: Harper Perennial

181. Marsh HW – Causal ordering of academic self-concept and academic achievement: A multiwave, longitudinal path analysis. *Journal of Educational Psychology.* 1990; 82(4): 646–656.

182. Orth U, Robbins RW – The development of self-esteem. *Current Directions in Psychological Science.* 15.10.2014; 23(5): 381–87.

183. Shiraldi GR – The Self Esteem Workbook (A New Harbinger Self-Help Workbook) 2016 Oakland, CA: New Harbinger Publications

184. Mayo Clinic. *Self-esteem: Take steps to feel better about yourself.* https://www.mayoclinic.org/healthy-lifestyle/adult-health/in-depth/self-esteem/art-20045374

185. Learning Mind: The Philosophy of Learning and Educational Success According to John Dewey. 27.04.2015. https://www.learning-mind.com/the-philosophy-of-learning-and-educational-success/

186. Fact Sheets on the European Union, The Treaty of Lisbon. https://www.europarl.europa.eu/factsheets/en/sheet/5/the-treaty-of-lisbon

187. UK Nationality, Immigration and Asylum Act 2002. https://www.legislation.gov.uk/ukpga/2002/41/contents

188. Baessler F, Riese F, Pinto da Costa M, de Picker L, Kazakova O, Kanellopoulos A, Grassl R, Gargot T, European Federation of Psychiatric Trainees & Dias MC – Becoming a psychiatrist in Europe: the title is recognized across the European Union, but what are the differences in training, salary and working hours? *World Psychiatry.* Okt. 2015; 14(3):372-373.

189. Azar B – International practitioners: What does it take to practice psychology abroad? Cultural competence is always in demand; educational requirements vary widely. *gradPSYCH, American Psychological Association.* 2009 3, S. 38. https://www.apa.org/gradpsych/2009/03/cover-abroad

190. Smith Bailey D – Beyond our borders, A meeting of North American psychologists highlights international changes in professional psychology. *American Psychological Association Monitor.* Juli/Aug. 2004; 35(7): S. 58. https://www.apa.org/monitor/julaug04/beyond

191. Roediger HL, Rushton JP, Capaldi ED, Paris SG – *Psychology.* 1984. Boston, MA, Little Brown.

192. Flückiger C, Del Re AC, Wampold BE, Horvath AO – The alliance in adult psychotherapy: A meta-analytic synthesis. *Psychotherapy* (Chic). Dez. 2018; 55(4):316-340.

193. Ben-Ari AT – Alternative modalities of help with socio-political and ethnic minorities: Self-help Arabs living in Israel. *Community Mental Health Journal.* Juni 2001; 37 245-259.

194. Lijtmaer RM – Variations on the Migratory Theme: Immigrants or Exiles, Refugees or Asylees. *Psychoanalytic Review.* Dez. 2017; 104(6):687-694.

195. Muller FJ – Psychotherapy in Argentina: Theoretical orientation and clinical practice. *Journal of Psychotherapy Integration*. Dez. 2008; 18, 410-420.

196. Sanchez-Sosa JJ – Psychotherapy in Mexico: Practice, training, and regulation. *Journal of Clinical Psychology: In Session*. Aug. 2007; 63, 765-771.

197. Moreno JL & Moreno ZT – *Psychodrama: Foundations of Psychotherapy - Third Volume*, Morrisville, North Carolina: Lulu Press, Inc.

198. Kamışlı S, Gökler B – Adjustment to life with metastatic cancer through psychodrama group therapy: A qualitative study in Turkey. *Perspectives in Psychiatric Care*. Apr. 2021; 57(2):488-498.

199. López-González MA, Morales-Landazábal P, Topa G – Psychodrama Group Therapy for Social Issues: A Systematic Review of Controlled Clinical Trials. *International Journal of Environmental Research and Public Health*. 22.04.2021; 18(9):4442.

200. Hettema J, Steele J, Miller WR – Motivational interviewing. *Annual Review of Clinical Psychology*. 2005; 1:91-111.

201. Bahafzallah L, Hayden KA, Raffin Bouchal S, Singh P, King-Shier KM – Motivational Interviewing in Ethnic Populations. *Journal of Immigrant and Minority Health*. Aug. 2020; 22(4):816-851.

202. Beck AT – *The diagnosis and management of depression*. Philadelphia, PA: University of Pennsylvania Press. 1967.

203. Gautam M, Tripathi A, Deshmukh D, Gaur M – Cognitive Behavioral Therapy for Depression. *Indian Journal of Psychiatry*. Jan. 2020; 62(Suppl 2):S223-S229.

204. Bandelow B, Reitt M, Röver C, Michaelis S, Görlich Y, Wedekind D – Efficacy of treatments for anxiety disorders: a meta-analysis. *International Clinical Psychopharmacology*. Jul. 2015; 30(4):183-92.

205. Weiss BJ, Singh JS, Hope DA – Cognitive-Behavioral Therapy for Immigrants Presenting With Social Anxiety Disorder: Two Case Studies. *Clinical Case Studies*. Aug. 2011;10(4):324-342.

206. Chapman AL – Dialectical behavior therapy: current indications and unique elements. *Psychiatry (Edgmont)*. Sept. 2006; 3(9):62-68.

207. Linehan MM – Building a life worth living: a memoir. 2020. New York, NY: Random House.

208. Shapiro F & Forrest MS – EMDR: The Breakthrough Therapy for Overcoming Anxiety, Stress, and Trauma. 2016. New York, NY: Basic Books.

209. Shapiro F – Eye movement desensitization and reprocessing: Basic principles, protocols and procedures (2. Auflage). 2001. New York: Guilford Press.

210. World Health Organization. Guidelines for the Management of Conditions Specifically Related to Stress https://apps.who.int/iris/bitstream/handle/10665/85119 /9789241505406_eng.pdf;jsessionid=877EBBBE040 C23C2378F95EE18EA5A19?sequence=1

211. Mindful: healthy mind, healthy life. https://www.mindful.org/

212. Kabat-Zinn J – *Full Catastrophe Living: Using the Wisdom of Your Body and Mind to Face Stress, Pain, and Illness.* 1990. New York, NY: Dell Publishing.

213. Burns DD – Introduction. *Feeling Good.* 1999. S. pxvi–xxxii.

214. Smith NM, Floyd MR, Jamison C & Scogin F – Three year follow up of bibliotherapy for depression. *Journal of Consulting and Clinical Psychology.* April 1997; 65 (2): 324–32.

215. Burke MJ, Fried PJ, Pascual-Leone A – Transcranial magnetic stimulation: Neurophysiological and clinical applications. *Handbook of Clinical Neurology.* 2019; 163:73-92.

216. Beardsley RS, Gardocki GJ, Larson DB, Hidalgo J – Prescribing of psychotropic medication by primary care physicians and psychiatrists. *Archives of General Psychiatry.* Dez. 1988; 45(12):1117-9.

217. Mintz D – Combining Drug Therapy and Psychotherapy for Depression. *Psychiatric Times.* Volume 23, Issue 11. 1.10.2006. https://www.psychiatrictimes.com/view/ combining-drug-therapy-and-psychotherapy-depression

218. Lingford-Hughes AR, Welch S, Peters L, Nutt DJ – BAP updated guidelines: evidence-based guidelines for the pharmacological management of substance abuse, harmful use, addiction and comorbidity: recommendations from BAP. *Journal of Psychopharmacology.* Juli 2012; 26(7): 899–952.

219. Hogue A, Henderson CE, Ozechowski TJ, Robbins MS – Evidence base on outpatient behavioral treatments for adolescent substance use: updates and recommendations 2007–2013. *Journal of Clinical Child and Adolescent Psychology.* Juli-Aug. 2014; 43 (5):695–720.

220. Current Pharmacological Treatment Available for Alcohol Abuse. *The California Evidence-Based Clearinghouse.* 2006–2013.

221. Fischer B, Oviedo-Joekes E, Blanken P, Haasen C, Rehm J, Schechter M, T, Strang J, & van den Brink W – Heroin-assisted treatment (HAT) a decade later: a brief update on science and politics. *Journal of Urban Health.* Juni 2007; 84(4):552-562.

222. Drogentote. Schweizerisches Gesundheitsobservatorium. https://www.obsan.admin.ch/de/indikatoren/MonAM/drogentote

223. Heine SJ – *Cultural Psychology.* New York: W.W. Norton & Company. 2011.

224. Fiske A, Kitayama S, Markus HR & Nisbett RE – The cultural matrix of social psychology. In D. Gilbert & S. Fiske & G. Lindzey (Hrsg.): *The Handbook of Social Psychology* (4. Auflage, S. 915–81). 1998. San Francisco: McGraw-Hill.

225. Markus HR, Kitayama S – Culture, Self, and the Reality of the Social. *Psychological Inquiry.* 2003; 14 (3): 277–83.

226. Kumaraswamy N – Psychotherapy in Brunei Darussalam. *Journal of Clinical* Psychology: In Session. Aug. 2007; 63, 735-744.

227. Twenge JM, Joiner TE – U.S. Census Bureau-assessed prevalence of anxiety and depressive symptoms in 2019 and during the 2020 COVID-19 pandemic. *Depression and Anxiety.* Okt. 2020; (37)10:947-1059.

228. Mental Health America. COVID-19 and Mental Health: What We Are Learning, 1.09.2020. https://www.mhanational.org/nearly-390000-excess-depression-and-anxiety-screenings-start-pandemic-according-mental-health

229. Liem A, Natari RB, Jimmy, Hall BJ – Digital Health Applications in Mental Health Care for Immigrants and Refugees: A Rapid Review. *Telemedicine Journal and E-health.* Jan. 2021; 27(1):3-16.

230. Koç V, Kafa G – Cross-Cultural Research on Psychotherapy: The Need for a Change. *Journal of Cross-Cultural Psychology.* Jan. 2019; 50(1):100–115.

231. Caballo VE, Irurtia MJ – Analysis of a clinical case from a Spanish perspective. *Journal of Clinical Psychology: In Session.* Sept. 2007; 63:777-784.

232. Kavanagh DJ, Littlefield L, Dooley, R, O'Donovan A – Psychotherapy in Australia: Clinical psychology and its approach to depression. *Journal of Clinical Psychology: In Session.* Aug. 2007; 63:725-733.

233. Bilican FI, Soygut-Pekak G – Professional development processes of trainee and experienced psychotherapists in Turkey. *Turk Psikiyatri Dergisi (Turkish Journal of Psychiatry)*. Winter 2015; 26:249-260.

234. Danylchuk L – What Do EMDR, Running, and Drumming Have in Common? *Good Therapy*. 01.09.2015.
https://www.goodtherapy.org/blog/
what-do-emdr-running-and-drumming-have-in-common-0901154

235. Saxon V, Mukherjee D, Thomas DJ – Behavioral Health Crisis Stabilization Centers: A New Normal. *Journal of Mental Health and Clinical Psychology*. Mai 2018; 2(3):23-26.

236. Lloyd-Evans B, Slade M, Jagielska D, Johnson S – Residential alternatives to acute psychiatric hospital admission: systematic review. *British Journal of Psychiatry*. Aug. 2009; 195(2):109-17.

237. SAMHSA National Guidelines for Behavioral Health Crisis Care – A Best Practice Toolkit. 2020.
https://www.samhsa.gov/sites/default/files/national-guidelines-for-behavioral-health-crisis-care-02242020.pdf

238. Arain M, Haque M, Johal L, Mathur P, Nel W, Rais A, Sandhu R, Sharma S – Maturation of the adolescent brain. *Neuropsychiatric Disease and Treatment*. 3.04.2013; 9:449-461.

GLOSSAR

Akkulturation wird im Allgemeinen als kulturelle Veränderung und Anpassung eines Individuums, einer Gruppe oder eines Volkes durch das Erlernen und Integrieren von Merkmalen und Normen einer anderen Kultur definiert. Akkulturation ist kein einheitliches Konzept, da sie viele Formen annehmen kann.

Akkulturationsstress bezieht sich auf die psychologischen Herausforderungen, die mit der Anpassung an eine neue Kultur verbunden sind. Dieser Stress kann vor allem dann erheblich sein, wenn die Akkuluration große Veränderungen im Leben mit sich bringt (z.B. das Erlernen einer neuen Sprache, ein geringerer sozioökonomischer und anderer Status, Diskriminierung in einem neuen Land). Akkulturationsstress ist in der International Classification of Diseases, 10. Auflage, (ICD-10) und dem Diagnostic and Statistical Manual of Mental Disorders, 5. Auflage (DSM–5) als klinisches Problemfeld anerkannt worden.

Angstzustände sind ein emotionales Leiden, das durch Schwierigkeiten wie Angst, Furcht, Sorge und Unruhe gekennzeichnet ist. Die Angstzustände können körperliche Symptome wie Schwitzen, Muskelverspannungen und einen schnellen Herzschlag hervorrufen. Sie können eine normale Reaktion auf Stress sein. Sie können sich jedoch zu einer Störung entwickeln, wenn sie schwer und anhaltend sind.

Chronische Schlaflosigkeit wird als chronisch bezeichnet, wenn die Symptome mindestens einen Monat lang unvermindert andauern, in der Regel jedoch sechs Monate oder länger.

Die patientenzentrierte Psychotherapie ist ein nicht-direktiver Ansatz der Gesprächstherapie. Der Therapeut fällt keine Werturteile über den Patienten (manchmal auch als bedingungslose positive Wertschätzung bezeichnet) und unterstützt den Patienten lediglich bei der Suche nach Problemlösungen.

Kognitive Verhaltenstherapie (Cognitive behavior therapy, CBT) ist eine Behandlungsform, bei der die Betroffenen lernen, kontraproduktive oder störende Gedankenmuster, die sich negativ auf ihr Verhalten und ihre Gefühle auswirken, zu erkennen und zu ändern. Die kognitive Umstrukturierung wird in der Regel in der CBT eingesetzt.

Bei der kognitiven Umstrukturierung handelt es sich um eine therapeutische Technik zum Identifizieren von problematischen Denkweisen und Überzeugungen, die oftmals automatisch erfolgen. Anschließend lernt der Patient, seine Gedankengänge kritisch zu bewerten und sie möglicherweise in konstruktivere umzuwandeln.

Kulturelle Kompetenz: Das US Office of Minority Health definiert diese als „die Fähigkeit, als Individuum und als Organisation im Kontext kultureller Überzeugungen, Verhaltensweisen und Bedürfnisse der Verbraucher und ihrer Gemeinschaften effektiv zu funktionieren". Auf internationaler Ebene liegt der Schwerpunkt der Forschung hinsichtlich der kulturellen Kompetenz und ihrer Befürwortung auch auf der weltweiten Gesundheit der Menschen. So sollen die Zusammenhänge zwischen Regionen, kulturellen Gruppen, Klimawandel, Ökosystemen und politischen Gegebenheiten mit ihren Auswirkungen auf Gesundheit und Wohlbefinden erforscht werden.

Depression ist ein emotionaler Zustand, der durch Schwierigkeiten wie Traurigkeit, Hoffnungslosigkeit, Hilflosigkeit, das Gefühl der Wertlosigkeit, den Verlust des Interesses an Aktivitäten, die einer Person früher Spaß gemacht haben, Energieverlust, körperliche Verlangsamung, gestörte Schlafmuster, Veränderungen des Appetits und Schuldgefühle gekennzeichnet ist. Die meisten Menschen werden im Laufe ihres Lebens aus verschiedenen Gründen traurig. Aber Depressionen sind schwerwiegender und anhaltender. Die Betroffenen haben Probleme, sich zu konzentrieren und verlieren die Hoffnung, sodass sie vielleicht sogar mit dem Gedanken spielen, ihr Leben zu beenden. Im Extremfall unternehmen sie einen Selbstmordversuch oder vollziehen ihn sogar.

Emotionale Intelligenz ist die Fähigkeit, sich seiner Emotionen bewusst zu sein, sie zu kontrollieren und wirksam auszudrücken. Eine starke emotionale Intelligenz erhöht die Wahrscheinlichkeit, dass eine Person in der Lage ist, in zwischenmenschlichen Beziehungen überlegt und einfühlsam vorzugehen. Häufig wird davon ausgegangen, dass emotionale Intelligenz fünf grundlegende Komponenten umfasst: Selbsterkenntnis, Selbstregulierung, interne Motivation, Empathie und soziale Fähigkeiten.

Epidemiologie ist die wissenschaftliche Erforschung der Muster und Ursachen (einschließlich der Risikofaktoren) für den Gesundheitszustand einer Bevölkerung. Sie umfasst bestimmte Erkrankungen, ist aber nicht auf diese beschränkt. Das grundlegende Ziel der Epidemiologie ist es, die Muster zu verstehen, die sowohl bei Krankheiten als auch bei der Gesundheit eine Rolle spielen, und so wirksame Maßnahmen zur Verbesserung des Wohlbefindens zu unterstützen.

Desensibilisierung und Verarbeitung durch Augenbewegung (Eye movement desensitization and reprocessing, EMDR) ist eine Art der psychologischen Behandlung, vor allem bei traumabedingten emotionalen Störungen wie PTBS. Im Rahmen einer umfassenden Methode erinnert sich der Patient an belastende Erlebnisse, während er bilaterale Stimulationen durchführt, z.B. Augenbewegungen von einer Seite zur anderen oder Klopfen auf beiden Körperseiten.

Migranten sind Menschen, die dauerhaft in einem Land leben, das nicht ihr Geburtsort und/oder das Land ihrer Staatsangehörigkeit ist. Das Schlüsselwort ist „dauerhaft". Die Bezeichnung trifft also nicht auf Personen zu, die sich als Touristen oder vorübergehend zum Arbeiten in ein anderes Land begeben.

Das Migranten-Paradoxon (in den USA auch „Latino-Paradoxon" oder „hispanisches Paradoxon" genannt) bezieht sich auf Forschungsergebnisse, die zeigen, dass Migranten der ersten Generation in der Regel einen Gesundheitszustand aufweisen, der dem der Einheimischen in etwa entspricht (oder manchmal sogar besser ist). Dies wird als paradox angesehen, weil Migranten der ersten Generation häufig ein niedrigeres Durchschnittseinkommen und eine geringere Bildung haben, Faktoren, die im Allgemeinen in der ganzen Welt mit einem schlechteren Gesundheitszustand und einer höheren Sterblichkeitsrate in Verbindung gebracht werden.

Internalisierung tritt auf, wenn Menschen beginnen, die negativen Stereotypen zu glauben, die andere ihnen zuschreiben. In ethnischen Randgruppen kann es vorkommen, dass Betroffene beginnen, diskriminierende Praktiken der dominanten Gruppe zu akzeptieren. Sie sind der

Meinung, dass negative Charakterisierungen ihrer Gruppe zutreffend und daher bigotte Praktiken gerechtfertigt sind.

Unfreiwillige Migration: Die Situation, in der sich Menschen befinden, die aus Angst vor Krieg oder Verfolgung aus ihrem Heimatland ausgewandert sind. Möglicherweise wurden sie zum Verlassen ihres Landes gezwungen. Diese Migranten wollten nicht unbedingt ihr Heimatland verlassen, sondern taten dies aus dem Gefühl heraus, dass sie keine andere Wahl hatten.

Einschlafstörung bzw. Insomnie beim Einschlafen ist gekennzeichnet durch Schwierigkeiten, einzuschlafen.

Intergenerationale Traumata sind Trauma-Reaktionen, die von denjenigen, die die ursprünglichen Ereignisse direkt erlebt haben, an die nachfolgenden Generationen weitergegeben werden. Kinder können zum Beispiel Trauma-Reaktionen von ihren Eltern „erben". Dazu kann auch gehören, dass man direkt von traumatischen Ereignissen erfährt. Es kann aber auch dazu führen, dass dysfunktionale Verhaltensweisen weitergegeben werden, mit denen Erwachsene versucht haben, mit dem Trauma umzugehen.

Die medizinische Anthropologie ist eine Disziplin, die untersucht, wie Gesundheit und Krankheit im Kontext globaler, historischer und politischer Umstände geformt, erlebt und verstanden werden.

Ein Migrant bzw. ein Einwanderer ist eine Person, die von einem Ort an einen anderen bzw. von einem Land in ein anderes umsiedelt. Diese Bezeichnung wird manchmal auch für längerfristig in ein anderes Land übersiedelnde Menschen gebraucht, die dort arbeiten (z.B. Wanderarbeiter in der Landwirtschaft), die jedoch möglicherweise in regelmäßigen Abständen in ihre Heimat zurückkehren.

Persönlichkeitsstörungen sind psychische Erkrankungen, die mit langfristigen Mustern von unflexiblen und dysfunktionalen Gedanken und Verhaltensweisen einhergehen. Sie können schwerwiegende und wiederholte Probleme in allen Lebensbereichen, einschließlich Beziehungen und Arbeit, verursachen. Betroffene mit Persönlichkeitsstörungen sind oft flatterhaft und unbeständig und haben Schwierigkeiten, langfristige Beziehungen zu führen.

Die positive Psychologie konzentriert sich auf die Stärken der Menschen, um herauszufinden, welche Ansätze dem Einzelnen helfen, ein sinnvolles und zufriedenstellendes Leben zu führen. Sie ist viel weniger auf die Psychopathologie ausgerichtet.

Die Posttraumatische Belastungsstörung (PTBS) ist eine psychische Störung, die bei manchen Betroffenen durch das Erleben oder Miterleben eines schrecklichen Ereignisses ausgelöst wird (z.b. Kriegserlebnisse, sexuelle Übergriffe, ein schwerer Autounfall, ein Arbeitsunfall mit erheblichen Verletzungen). Zu den häufigen Symptomen gehören intensive Gedanken an das Ereignis, schwere Angstzustände, Rückblenden auf das Ereignis, Vermeiden von allem, was an das Ereignis erinnert, Albträume, Angstzustände, Depressionen, Denk- und Konzentrationsschwierigkeiten und die Distanzierung von anderen. Bei Flüchtlingen oder Soldaten, die schlechte Erfahrungen im Krieg gemacht haben, tritt PTBS recht häufig auf.

Psychodrama ist ein psychologischer Behandlungsansatz, bei dem die Patienten anhand von Rollenspielen und anderen Methoden ihr Leben erforschen und Einblicke in ihr Leben gewinnen.

Die psychodynamischen Therapien konzentrieren sich auf die psychologischen Wurzeln des emotionalen Leidens. Diese werden oft als ungelöste Konflikte im Unbewussten aufgefasst. Psychodynamische Therapien konzentrieren sich auf Selbstreflexion und Selbstexploration, um solche Konflikte zu erkennen und zu lösen.

Ein Flüchtling ist eine Person, die gezwungen war, ihr Herkunftsland zu verlassen, weil sie bedroht war oder ist. Diese Bezeichnung ist ein wenig problematisch, da sie manchmal allgemein auf alle Migranten angewendet wird, die zur Migration gezwungen wurden. Auf der formaleren Basis bezieht sich der Begriff jedoch auf einen bestimmten Rechtsstatus. Nach Titel VIII des United States Code, Abschnitt 1100 und 1A 42 etwa, ist ein Flüchtling ein Ausländer, der nicht in sein Land zurückkehren kann oder will, weil er wegen seiner Ethnie, Religion, Nationalität, Zugehörigkeit zu einer bestimmten sozialen Gruppe oder wegen seiner politischen Überzeugung verfolgt wird oder eine begründete Furcht vor Verfolgung hat. Ein Ausländer kann diesen Status nicht erhalten, wenn er andere verfolgt hat, fest in ein Drittland umgesiedelt oder wegen eines bestimmten schweren Verbrechens verurteilt wurde. Die spezifischen rechtlichen Rahmenbedingungen für den Flüchtlingsstatus sind von Land zu Land unterschiedlich.

Die Schlafhygiene ist ein umfassendes Paket von Anweisungen, das Empfehlungen und das Abraten von Praktiken enthält, die den Schlaf fördern oder stören. Beispiele für solche Anweisungen sind die konsequente Einhaltung der Schlafenszeit, die Einschränkung von Alkohol und Koffein vor dem Zubettgehen und vieles mehr.

Ein Trauma kann körperliche Verletzungen, psychische Belastungen oder eine Kombination aus beidem umfassen. Ein physisches Trauma bezieht sich auf eine klinisch schwere Verletzung des Körpers. Meistens wird dies in „stumpfe Gewalteinwirkung" unterteilt, wenn etwas den Körper trifft, aber nicht unbedingt in ihn eindringt. Dies kann Gehirnerschütterungen, Knochenbrüche und ähnliche Verletzungen zur Folge haben. „Penetrierendes Trauma" bezieht sich auf Umstände, bei denen ein Gegenstand die Haut des Körpers durchstoßen hat, was in der Regel zu einer offenen Wunde führt. Psychologische Traumata beziehen sich auf kognitive und emotionale Störungen, die durch ein oder mehrere belastende Ereignisse (z.B. Krieg, häusliche Gewalt, Auto- und Arbeitsunfälle, sexueller Missbrauch und Ausbeutung) entstehen können. Das unmittelbare Erleben oder auch nur Miterleben solcher Ereignisse führt oft zu enormen Stress, den eine Person nicht bewältigen kann. Bei vielen Vorfällen treten physische und psychische Traumata gemeinsam auf. Manche Betroffene erleben auch ein „kumulatives Trauma", bei dem es sich nicht um ein einzelnes, sondern um eine lange Reihe von schädlichen Ereignissen handelt. Ein Beispiel für den körperlichen Aspekt ist das Karpaltunnelsyndrom. Im psychologischen Bereich kann eine unablässige Reihe negativer Erfahrungen den Leidensdruck erhöhen. Dies kann auch dann der Fall sein, wenn die einzelnen Ereignisse an sich relativ geringfügig sind (wie bei Mikroaggressionen).

Schädel-Hirn-Traumata (Traumatic Brain Injury, TBI). Dazu gehören Verletzungen des Gehirns, des Schädels und der Kopfhaut. Das Gehirn funktioniert aufgrund einer äußeren Einwirkung, z.B. eines heftigen Schlags auf den Kopf, nicht normal. Es gibt vier Grundtypen von Schädel-Hirn-Traumata: Gehirnerschütterungen (in der Regel durch einen Schlag oder ein Schütteln des Kopfes, was zu Konzentrationsschwierigkeiten, Gedächtnisverlust und Desorientierung führen kann), Hirnprellungen (ein Bluterguss am Gehirn), penetrierende Hirnverletzungen (ein Gegenstand hat den Schädel durchbohrt und das Gehirn geschädigt) und anoxische Hirnverletzungen (durch eine eingeschränkte Durchblutung wird dem Gehirn Sauerstoff entzogen, und möglicherweise beginnen die Gehirnzellen abzusterben). Die Berücksichtigung von Schädel-Hirn-Traumata kann in Fällen wichtig sein, in denen Migranten in Kriege verwickelt waren und/

oder andere Arten von Gewalt erlebt haben. Die Symptome einer Schädel-Hirn-Trauma können sich auf PTBS und andere psychiatrische Störungen auswirken und mit ihnen interagieren.

Eine indirekte Traumatisierung ist eine emotionale Belastung, die sich aus der einfühlsamen Beschäftigung mit Traumaüberlebenden ergibt. Am häufigsten betroffen sind Gesundheitsdienstleister, Ersthelfer und andere Personen, die mit Überlebenden von Krieg, Folter, Unfällen und anderen traumatischen Ereignissen arbeiten.

INDEX

A

AA (Anonyme Alkoholiker),
147,148
Abschiebung, 10, 11, 115, 116, 120
AfghanistaAngaben des US
National Institute ofn, 17, 32,
71
Fallbeispiel, 115,116
Kinder, 10,11
Naher Osten, 18
Trauma, 18,19
Achtsamkeitsbasierte
Stressreduktion (MBSR), 138
Afrika. *siehe auch* Ostafrika
Einwanderungsmotive, 22
Essstörungen, 68, 69
khat/qat, 72
Kinder, 21
Nigeria, 58
psychotische Störungen, 57
Schmerzen, 90
Tod, 21
Agentur der Europäischen Union
für Grundrechte (FRA), 17
Agoraphobie, 50
Akkulturation, 13, 14,, 49, 101,
185
Akkulturationsstress
Abscheibung, 10
Bericht des Einwanderungsrates,
11
definiert, 2, 185
Diagnostics and Statistical
Manual of Mental Disorders,
Fifth Edition (DSM-5), 7
Drogenmissbrauch, 8, 70, 71

Einwanderer/epidemiologisches
Paradoxon, 12
emotionale vs. körperliche
Symptome, 7,8
Fallbeispiel, 11
Gesundheitsdienste, 8
Immunitätskompromiss, 8
Internationale Klassifikation von
Krankheiten, Zehnte Ausgabe
(ICD-10), 7
Kinder, 12-14
psychotische Störungen, 48
Risikofaktoren, 9, 10
Selbstmord, 82
schulische/berufliche
Hindernisse, 9
Sprache, 5, 6, 9, 14, 15
Verbreitung, 8
akute Belastungsstörung, 39
Alkohol
Anonyme Alkoholiker (AA),
147,148
COVID-19, 151
Drogenmissbrauch, 40
Kinder, 76, 77
Posttraumatische
Belastungsstörung (PTBS), 63
Schlafhygiene, 136
verschreibungspflichtige
Medikamente, 76
American Psychological
Association (USA), 124
Angst
Agoraphobie, 50, 51
Behandlungen, 140-144
COVID-19, 151

Diagnostics and Statistical Manual of Mental Disorders, Fourth Edition (DSM-IV-TR), 47

Generalisierte Angststörung (GAD), 49

Lateinamerika, 51

Mental Health America (Psychische Gesundheit Amerika),151

"Nervenafall", 47

Nützlichkeit, 40, 131

Panikstörung, 50

Prävalenz, 53

Risikofaktoren, 52

Schlaflosigkeit, 93, 94

Symptome, 7, 48, 49

US-Studie, 51

„überprüfen", 99, 118, 126

Zwangsstörung (OCD), 51, 66

Anonyme Alkoholiker (AA), 147-148

antisoziale Persönlichkeitsstörung, 62, 63

Arbeitsunfälle, 90, 95, 190

Argentinien, 132, 153

Asien

China, 133

Drogenmissbrauch, 72

Einwanderungs-/ epidemiologisches Paradoxon, 12

Fliegenpilz (Amanita muscaria), 72\

Indien, 58, 124

Kambodscha, 34

Kognitive Verhaltenstherapie (CBT), 133

Posttraumatische Belastungsstörung (PTBS), 34

Psychologielizenzierung, 124

psychotische Störungen, 57

Religion/Spiritualität, 110

Selbstmord, 81

Singapur, 124

Asyldienste (Griechenland), 18

Australien, 94

B

Beck, Aaron, 134

Berthoud, Ella, 141

Bibliotherapie/therapeutisches Geschichtenerzählen, 140-141

bilaterale Stimulation, 155

Biofeedback, 140

Bipolare Störung, 52, 54, 55

BMI (Body-Mass-Index), 67, 68

Body-Mass-Index (BMI), 67, 68

Borderline-Persönlichkeitsstörung, 63, 64, 136

Bryant, Andrea, 88

Bulgarien, 18

Bulimie, 66-68

C

Captagon (Fenethyllin), 72

CBT (kognitive Verhaltenstherapie), 134, 146, 147, 153, 186

CDC (Centers for Disease Control and Prevention, USA), 70, 93

Chaney, John Robert, 62

China, 133

CISD (Critical Incident Stress Debriefing), 135

CLAS (Nationale Standards für kulturell und sprachlich angemessene Dienste), 98-100

COVID 19

Alkohol, 151

Angst, 151

Depressionen, 151

Drogenmissbrauch, 69,, 70, 151

Mehrgenerationenhaushalte, 13

Mental Health America-Studie,
151
Studie der Rand Corporation,
151
Telemedizin, 150-152
Critical Incident Stress Debriefing
(CISD), 135
Curanderos , 110

D

DBT (dialektisch-behaviorale
Therapie), 136
Depression
Behandlungen, 140-145
Bipolare Störung, 52, 54, 55
COVID-19, 151
definiert, 186
Dysthymie, 55
Manie, 55
Mental Health America, 151
Psychose, 55
Risikofaktoren, 53, 54
Schlaflosigkeit, 93-94
Schwedische Studie, 53
schwere Depression, 53, 54
Symptome, 53-55, 186
Szaflarski, Magdalena, 53
Verbreitung, 53
Deutschland, 81, 84, 110
Dewey, John, 113
Diabetes, 69, 91, 93
diagnostische Beurteilungen
forensische Psychologen, 123
Forschungspraktiken, 105,106
internationale Ebene, 104
legale Kreuzungen, 114-117
medizinische Anthropologie,
105, 188
Neuropsychologen, 123
Diagnose- und Statistikhandbuch
für psychische Störungen, fünfte
Ausgabe (DSM-5) viii, 35, 157,
185

Akkulturativer Stress, 7
Essstörungen, 48, 66, 133
Posttraumatische
Belastungsstörung (PTBS), 31,
35-40, 157
Diagnostics and Statistical Manual
of Mental Disorders, Fourth
Edition (DSM-IV-TR), 47
Dialektische Verhaltenstherapie
(DBT), 136
Dolmetscher, 42, 99, 100, 104
Drogenmissbrauch, 69-71
Abstinenz, 146
Administration (Behörde für
Drogenmissbrauch und
psychische Gesundheit)
(SAMHSA) (USA), 157
Alkohol, 38, 40, 71, 76, 77, 136,
147, 148, 151, 190
Anonyme Alkoholiker (AA),
147-148
Behandlungen, 146-149
Captagon (Fenethyllin), 72
Centers for Disease Control and
Prevention, USA (CDC), 70
Einwanderungs-/
epidemiologisches Paradoxon,
12, 71, 187
Entzugserscheinungen, 148, 175
Fliegenpilz (Amanita muscaria), 72
khat/qat , 72
Medikamente, 143-145
Mischen von Drogen, 76
Narcotics Anonymous (NA), 147
National Center for Drug Abuse
Statistics, USA (NCDAS), 70
National Institute on Drug
Abuse (Nationales Institut für
Drogenmissbrauch) (NIDA)
USA, 70-72

Nationale Richtlinien
für verhaltensbezogene
Gesundheitskrisenversorgung,
Best Practices Toolkit (USA),
157
Opioide, 72, 75
Rationale Erholung (RR), 147
schade, 146
Skittles Partysparties, 76
soziale Kosten, 70
Sucht, 69, 74
Studie der Rand Corporation,
151
Tabak, 71
Toleranz, Droge, 74, 75
United Nations Office on Drugs
and Crime (Büro der Vereinten
Nationen für Drogen- und
Verbrechensbekämpfung)
(UNODC), 69
Zeitgenössische Pädiatrie , 76
DSM-5 (Diagnose- und
Statistikhandbuch für psychische
Störungen, fünfte Ausgabe).
siehe Diagnostics and Statistical
Manual of Mental Disorders,
Fifth Edition (DSM-5), viii, 7,
35, 157
DSM-IV-TR (Diagnostics and
Statistical Manual of Mental
Disorders, Fourth Edition), 47
Dysthymie, 54

E

ECT (elektrische Krampftherapie)/
Schocktherapie, 141, 142
Einschätzungen. *siehe* diagnostische
Beurteilungen
Einwanderer/epidemiologisches
Paradoxon, 12, 187
Einwanderungsrat, 11
Elderkin, Susan, 141

Elektrokrampftherapie (ECT)/
Schocktherapie, 141, 142
EMDR (Eye Movement
Desensitization and
Reprocessing), 137, 154, 155,
187
emotionale Intelligenz, 111, 112,
186
Ernährung, 12, 13, 66-69, 91, 100
Essstörungen
Afrika, 68
Body-Mass-Index (BMI), 67, 68
Bulimie, 66-67
Diagnostics and Statistical
Manual of Mental Disorders,
Fifth Edition (DSM-5), 66
Magersucht, 66, 67
Naher Osten, 68
Risikofaktoren, 68
Symptome, 66, 67
E-Therapie/Internettherapie, 152
europäische Union & Europa
Agentur der Europäischen Union
für Grundrechte (FRA), 17
Agoraphobie, 50
Asyldienste (Griechenland), 18
Bulgarien, 18
Deutschland, 81, 84, 110
Drogenmissbrauch, 148
Griechenland, 18
Kognitive Verhaltenstherapie
(CBT), 153
Niederlande, 148
Norwegen, 80
Persönlichkeitsstörungen, 61
politisches Asyl, 120
Posttraumatische
Belastungsstörung (PTBS), 33
psychotische Störungen, 57
Religion/Spiritualität, 110-111
Schmerzen, 90
Schweden, 53, 56, 57

Schweiz, 148
Selbstmord, 80
Spanien, 82, 84, 90
Tod, 148
Trauma, 17, 18
Ukraine, i, 33, 36
Ungarn, 18
Eye Movement Desensitization and
Reprocessing (EMDR), 137, 154,
155, 187

F

Fallbeispiele
Deportation, 115, 116
Drogenmissbrauch, 73,74
Kinder, 157-158
komplizierte Trauer/anhaltende
komplexe Trauerstörung, 30,
31
kultureller Kontext, 106-109,
127, 128
Posttraumatische
Belastungsstörung (PTBS),
44,45
psychotische Störungen, 145
Schlaflosigkeit, 95
Familiendynamik, 101, 102
Female Tactical Platoon
(Afghanistan), 33
Fliegenpilz (*Amanita muscaria*), 72
Flüchtling, i, ii, 5, 6, 9, 32, 33, 51,
57, 63, 70, 71, 118, 149
Folter, 18, 35, 43, 114, 141, 142,
191
Forschungspraktiken
evidenzbasierten Praxis, 105
Mixed-Methods-Ansatz, 106
Organisationsmodell, 106
praxisbezogene Evidenz, 105
Freud, Sigmund, 132

G

geistige Gesundheitsprobleme. *siehe
auch* Störungen, Psychisch
kulturelle Kompetenz, 81, 104,
186
Schlaflosigkeit. *siehe*
Schlaflosigkeit, chronisch
Schmerz. *siehe* Schmerz,
chronisch 73, 89-91, 93
generalisierte Angststörung (GAD),
49
generationsübergreifendes Trauma,
43
„Gesten", 79, 101
Gesundheitsdienstleister
Auswahlverfahren, 125-129
Beispiele, 127
Berater/Therapeuten/
Pflegekräfte, 83, 125-127, 130
Hausärzte, 144
indirekte Traumatisierung, 43,
191
klinische Psychologen, 123
Psychiater, 31, 112, 122, 144,
Glaser, William, 180
Glutenneuropathie, 91
Gold, Joseph, 141
Griechenland, 18

H

Hassverbrechen, 18
Hispanisches Paradox, 12, 187
histrionische
Persönlichkeitsstörung, 64, 65
Hotlines, 83, 84

I

ICD-10 (Internationale
statistische Klassifikation der
Krankheiten und verwandter
Gesundheitsprobleme viii, 7

Immigrant (Einwanderer). *siehe auch bestimmte Regionen*
definiert, 188
Einwandererparadoxon/ epidemiologisches Paradoxon, 12, 71, 187
Einwanderungsmotive, 5
Ernährung, 12
Flüchtling, i, ii, 5, 6, 9, 33, 51, 57, 63,70, 72, 149
Reise, 2, 5, 6, 14, 15-17, 20, 73, 88, 89, 102
Religion/Spiritualität, 4, 13, 81, 109-111, 149, 189
unfreiwillige Migration, 10, 188
Immigrant Konzepte: Lebensweg zur Integration , iv, 59, 150
Indien, 124, 134
Interkulturelle Psychologie, 149
Internationale Klassifikation von Krankheiten, Zehnte Ausgabe (ICD-10), viii, 7, 185
Internationale Organisation für Migration (IOM) Missing Migrants Project, 21-23
IOM (Internationale Organisation für Migration) Missing Migrants Project, 21-23
Irak, 17

K
Kabat-Zinn, Jon, 138
Kambodscha, 34
Kanada, 90, 124, 131
Kanadische Studie, 75
Karibik, 57, 90
khat/qat, 72
Kinder
akkulturativer Stress, 10-13
Afrika, 21
Alkohol, 77
als Dolmetscher, 13, 100
Antisoziale

Behandlungsbarrieren, 97
Bericht des Einwanderungsrates, 11
Diagnostics and Statistical Manual of Mental Disorders, Fifth Edition (DSM-5), 157
Drogenmissbrauch, 75-76, 147
Fallbeispiel, 157-158
Gehirnreifung, 157
generationsübergreifendes Trauma, 43
Lateinamerika, 6, 13, 14
Migrationsreise, 6, 21
Schmerzen, 90
Persönlichkeitsstörung/ Verhaltensstörung, 62
Posttraumatische Belastungsstörung (PTBS), 32, 38
Skittles Partys, 76
Spielansatz, 157, 158
Sprache, 14, 15
Traumafokussierte CBT (TF-CBT), 135
Wut, 157
Klinikauhalten, psychiatrischer, 155-157
Koç, Volkan, 153
Kognitive Verhaltenstherapie (CBT), 134, 146, 147, 153, 186
kognitive Umstrukturierung, 186
Körpersprache, 101
Krisenstabilisierung, 156
kulturelle Kompetenz, 81, 104, 186
Kulturpsychologie, 149, 150
Kummer. *Siehe auch* Tod
Kinder, 29
Kübler-Ross, Elisabeth, 24

L
Lateinamerika
Argentinien, 153
Curanderos , 110

Mehrgenerationenhaushalte, 13
Mexiko, 11, 16, 17, 22, 124, 134,
    153
psychodynamische Therapie, 130,
    132, 133
LGBTQ+, 80
Linehan, Marsha M., 136

M
Magersucht, 66, 67
Manie, 55
Mayo-Klinik, 6, 11, 16, 17, 22, 113,
    124, 132
MBSR (Achtsamkeitsbasierte
    Stressreduktion), 138
medizinische Anthropologie, 105,
    188
Mexiko, ii, 6, 11, 16, 17, 22, 124,
    134, 153
MI (Motivierende
    Gesprächsführung), 134
Missbrauch, 70, 71, 116, 190
Moreno, Jacob, 131
Motivierende Gesprächsführung
    (MI), 134

N
NA (Narcotics Anonymous), 147
Naher Osten
    Afghanistan, 17, 32, 71
    Angst, 49
    Captagon (Fenethyllin), 72
    Female Tactical Platoon
        (Afghanistan), 33
    Kinder, 32
    Irak, 17
    Syrien, 6, 17
Narcotics Anonymous (NA), 147
Narzisstische
    Persönlichkeitsstörung, 66
National Center for Drug Abuse
    Statistics, USA (NCDAS), 70

National Institute on Drug
    Abuse (Nationales Institut für
    Drogenmissbrauch) (NIDA)
    USA, 70-72
Nationale Richtlinien
    für verhaltensbezogene
    Gesundheitskrisenversorgung,
    Best Practices Toolkit (USA), 157
Nationale Standards für kulturell
    und sprachlich angemessene
    Dienste (CLAS), 98-100
Nationalismus, 66
NCDAS (National Center for Drug
    Abuse Statistics, USA), 70
Neurofeedback/EEG-Biofeedback,
    140
neuropathischer Schmerz, 91
Neurotransmitter, 143
Niederlande, 148
Nigeria, 58
Norwegen, 80

O
OCD (Zwangsstörung), 66
Office of Minority Health (USA),
    98, 186
Opioide, 72, 73
Ostafrika. *siehe auch* Afrika, 18, 72,
    108

P
Panikstörung, 50
paranoide Persönlichkeitsstörung,
    61
Persönlichkeitsstörung
    antisoziale
        Persönlichkeitsstörung, 62, 63
    Borderline-
        Persönlichkeitsstörung, 63
    Chaney, John Robert, 62
    definiert, 188
    histrionische
        Persönlichkeitsstörung, 64, 65

Narzisstische
 Persönlichkeitsstörung, 66
Nationalismus, 66
paranoide
 Persönlichkeitsstörung, 61
Schizoide Persönlichkeitsstörung,
 62
Terrorismus, 63
politisches Asyl, 120
Positive Psychologie, 139, 188
Posttraumatische Belastungsstörung
 (PTBS)
akute Belastungsstörung, 39
Alkohol, 40
alternative Namen, 33, 34
Asien, 34
Borderline-
 Persönlichkeitsstörung, 63
definiert, 31
Drogenmissbrauch, 40
Europa, 33
Eye Movement Desensibilization
 and Reprocessing (EMDR),
 137, 154, 155, 187
Fallbeispiele, 44, 45, 154,155
Folter, 18, 35, 43, 114, 141, 142,
 191
generationsübergreifendes
 Trauma, 43
Internationale Klassifikation der
 Krankheiten, Zehnte Ausgabe
 (ICD-10), 31
„Kampf oder Flucht"-Antwort,
 41
Kinder, 32, 38
komplexe PTBS, 35
komplizierte Trauer/anhaltende
 komplexe Trauerstörung, 30,
 31
Ostafrika, 35
Prävalenz, 8, 9, 32
Risikofaktoren, 34, 35

Selbstmord, 82
stellvertretendes Trauma, 191
Todesfälle, 35, 36
traumatische Hirnverletzungen
 (TBIs), 40, 190
Vergewaltigung, 35
Veterans Affairs National Center
 for PTSD, (US) Department
 of, 88
Wut, 42
Psychoanalyse & psychodynamische
 Therapien, 130, 132, 133
Psychodrama, 131, 189
psychodynamische und
 psychoanalytische Therapien,
 130, 132, 133
Psychotherapien. *siehe auch*
 Behandlungen
Beck, Aaron, 134
Freud, Siegmund, 132
Kabat-Zinn, Jon, 138
Kinder 76, 77
Linehan, Marsha M., 136
Moreno, Jacob, 131
Schlaflosigkeit, 136
Shapiro, Francine, 137
Techniken – bilaterale
 Stimulation, 137, 138
Techniken – Critical Incident
 Stress Debriefing (CISD), 135
Techniken – Dialektische
 Verhaltenstherapie (DBT), 136,
 137
Techniken – Eye Movement
 Desensitization and
 Reprocessing (EMDR), 137,
 154, 155, 187
Techniken – Kognitive
 Verhaltenstherapie (CBT),
 133-135, 136, 139, 186
Techniken – kognitive
 Umstrukturierung, 186

Techniken – Mindfulness-Based
    Stress
Reduction (MBSR), 138
Techniken - Motivierende
    Gesprächsführung (MI), 134
Techniken – personenzentrierte
    Therapie, 131, 134
Techniken – Positive Psychologie,
    139, 188
Techniken – Psychoanalyse und
    psychodynamische Therapien,
    130, 132, 133
Techniken – Psychodrama,
    131,189
Techniken – traumafokussierte
    CBT (TF-CBT), 135
Techniken – Trauma-informierte
    CBT (TI-CBT), 135
Weiss, Brandon J., 133
psychotische Störungen. *siehe auch*
    psychische Probleme
Afrika, 57
akkulturativer Stress, 57
Asien, 57
Behandlungen, 103
Bipolare Störung, 52, 54, 55
Europäische Union, 57
Fallbeispiele, 44, 45 106-109,
Karibik, 57, 90
Kinder, 47, 48
Mittlerer Osten, 57
Risikofaktoren, 55-58
Schizophrenie, 56, 57, 118, 145
Schwedenstudien, 53, 56, 57
Symptome, 56
Verbreitung, 57
Psychopharmaka, 143-145

Q

Qualified Medical Evaluators
    (QME) (USA), 121

R

Rand Corporation, 151
Rational Recovery (Rationale
    Erholung) (RR), 147
rechtliche Schnittmengen
    Arbeitsunfälle, 90
    Deportation, 15, 116
    Fallbeispiele, 115, 116, 118-120,
    Folter, 115
    Gesetz über Gewalt gegen Frauen
        (VAWA) (1994) (USA), 116
    politisches Asyl, 120
    Qualified Medical Evaluators
        (QME) (USA), 121
    Staatsbürgerschaft, 82, 114-117
    U-Visum (USA), 117
    Vertrag von Lissabon (2009), 120
    Worker's Compensation (WC)-
        Gesetze (USA), 120, 121
Reimann, Ingeborg, 110, 111
Religion/Spiritualität 4, 13, 81,
    109-111, 149, 189
    Yoga, 110
Rotes Kreuz und Roter Halbmond,
    23
RR (rationale Wiederherstellung),
    147

S

Schizoide Persönlichkeitsstörung,
    62
Schizophrenie, 56, 57, 118, 145
Schlaflosigkeit, 3, 91-94, 136, 185
    Angst, 94
    Centers for Disease Control and
        Prevention, USA (CDC), 93
    definiert, 91, 185
    Depressionen, 92
    Effekte, 91, 92
    Guter Schlaf, 93
    Nachtschichtstudium, 94, 95

Posttraumatische
  Belastungsstörung (PTBS), 94
Schlafhygiene, 136, 189
schlechter Schlaf, 93
Schmerz, 93
Symptome, 92
Tod, 94-95
Trauma, 92
Schlafhygiene, 136, 189
Schmerzen, chronisch, 73, 89-91,
  93
  Biofeedback, 140
  Diabetes, 91, 93
  „Gesten", 79
  Glutenneuropathie, 91
  Kabat-Zinn, Jon, 138
  Kanadische Studie, 91
  Karibik, 57, 90
  Lateinamerika, 91
  Mindfulness-Based Stress
    Reduction (MBSR), 138
  neuropathischer Schmerz, 91
  Türkische Studie, 89
Schweden, 53, 56, 57
Schweiz, 148
Selbstmord *siehe auch Suizid* 3, 26,
  54, 79-84, 136
  „Gesten", 79
  Lateinamerika, 90
  LGBTQ+, 80
  Studenten, 80
  „Verträge", 84
Shapiro, Francine, 137
Singapur, 124
SIRI (Successful Immigrant
  Resettlement Inventory), 103
Skandinavien, 81
Skittles Parties, 76
sozioökonomischer Status, 102
Spanien, 153
Sprache
  Anonyme Alkoholiker (AA), 148

Dolmetscher, 99,100, 104
Staatsbürgerschaft, 4, 10, 82, 114,
  117, 118, 120
Stanley, Jaqueline D., 141
stellvertretendes Trauma, 191
Substance Abuse and Mental
  Health Services Administration
  (Behörde für Drogenmissbrauch
  und psychische Gesundheit)
  (SAMHSA) (USA), 157
Successful Immigrant Resettlement
  Inventory (SIRI), 103
Suizid (Selbstmord), 3, 26, 54,
  79-84, 136
Syrien, 6, 17
Szaflarski, Magdalena, 53

T

Tabak, 71
TBIs (Schädel-Hirn-Traumata), 43,
  190
Telemedizin, 150, 151, 152
Terrorismus, 63
TF-CBT (traumafokussierte CBT),
  135
TI-CBT (Trauma-informierte
  CBT), 135
TMS (transkranielle
  Magnetstimulation), 142
Tod, 2, 16, 19, 20-27, 29, 30, 35,
  36, 73, 75, 77, 79, 80, 87, 93,
  148, 155,
transkranielle Magnetstimulation
  (TMS), 142
Trauma
  Agentur der Europäischen Union
    für Grundrechte (FRA), 17
  Asyldienste (Griechenland), 18
  definiert, 190
  Folter, 18, 35, 43, 114, 141, 142,
    191
  generationsübergreifendes
    Trauma, 43

Hassverbrechen, 18

Ostafrika, 35

stellvertretendes Trauma, 191

Washington Examiner Studie, 16

Traumafokussierte CBT (TF-CBT), 135

Trauma-informierte CBT (TI-CBT), 135

traumatische Hirnverletzungen (TBIs), 43, 190

Treatments (Behandlungen). *siehe auch* Störungen, Psychisch

American Psychological Association (USA), viii

Berthoud, Ella, 141

Bibliotherapie/therapeutisches Geschichtenerzählen, 140, 141

Biofeedback, 140

diagnostische Beurteilungen – Forschung, 105, 106

diagnostische Beurteilungen – internationale Ebene, 104

diagnostische Beurteilungen – Organisationsebene, 104

Elderkin, Susan, 141

Elektrokrampftherapie (ECT)/ Schocktherapie, 141, 142

E-Therapie/Internettherapie, 152

Faktoren für Dolmetscher, 99,100, 104

Faktoren für – Ernährung, 91

Faktoren für – Familiendynamik, 101

Faktoren für – Körpersprache, 101

Faktoren für - sozioökonomischen Status, 14

Fallbeispiel – kultureller Kontext, 106-109

Forschungspraktiken – evidenzbasierte Praxis, 105

Forschungspraktiken – Mixed-Methods-Ansatz, 106

Forschungspraktiken – praxisbasierte Evidenz, 105

Gesundheitsdienstleister – klinische Psychologen, 123

Gesundheitsdienstleister – Berater/Therapeuten/ Krankenschwestern, 110

Gesundheitsdienstleister – Hausärzte, 144

Gesundheitsdienstleister – Psychiater, 122

Gold, Joseph, 141

Interkulturelle Psychologie, 149

Inventory Immigrant Resettlement Inventory (SIRI), 103

Koc, Volkan, 153

Krankenhausaufenthalt, psychiatrisch, 155-157

kulturelle Kompetenz, 81, 104, 186

Kulturpsychologie, 149, 150

Nationale Standards für kulturell und sprachlich angemessene Dienste (CLAS), 98-100

Neurofeedback/EEG-Biofeedback, 140

Neurotransmitter, 143

Stanley, Jaqueline D., 141

Telemedizin, 150, 151, 152

transkranielle Magnetstimulation (TMS), 142

Trauer, 30, 31

Tod. *siehe auch* Trauer

Beispiel aus San Diego CA, 22

Internationale Organisation für Migration (IOM) Missing Migrants Project, 21-23

Offene Aggression, 86

Rotes Kreuz und Roter
  Halbmond, 23
Skittles Partys, 76
Washington Examiner Studie, 16
Türkei, 89, 153

U

U-Visum (USA), 117
„überprüfen", 99, 118, 126
Ukraine, i, 33, 36
unfreiwillige Migration, 10, 188
United Nations Office on Drugs
  and Crime (Büro der Vereinten
  Nationen für Drogen- und
  Verbrechensbekämpfung)
  (UNODC), 69
United States (Vereinigte Staaten)
  Arbeitsunfälle, 90, 95, 189, 190
  Deportation, 115, 116
Ungarn, 18
UNODC United Nations Office
  on Drugs and Crime (Büro der
  Vereinten Nationen für Drogen-
  und Verbrechensbekämpfung),
  69

V

VAWA (Gesetz gegen Gewalt gegen
  Frauen) (1994) (USA), 116
Vereinigte Arabische Emirate, 124
Vergewaltigung, 15, 17, 117
Verhaltensstörung, 62
verschreibungspflichtige
  Medikamente, 72
Vertrag von Lissabon (2009), 120
Veterans Affairs National Center
  for PTBS, US Department of, 88
Violence Against Women Act
  (Gesetz über Gewalt gegen
  Frauen) (VAWA) (1994) (USA),
  116

W

Washington Examiner, 16
Week, The, 32
Weiss, Brandon J., 133
Weltgesundheitsorganisation
  (WHO)
  Eye Movement Desensibilization
    and Reprocessing (EMDR),
    137
  khat/qat , 72
WHO
  (Weltgesundheitsorganisation).
  siehe Weltgesundheitsorganisation
  (WHO) 72, 73, 79, 137
Wiederherstellung des Family Links
  Network, 23
Widerstandsfähigkeit
  Asien, 109
  definiert, 109
  Dewey, John, 113
  emotionale Intelligenz, 111, 112,
    186
  Glaser, William, 180
  Mayo-Klinik, 113, 124
  Religion/ Spiritualität, 89–90
  Selbstwertgefühl, 112, 113
  Yoga, 110
Worker's Compensation (WC)-
  Gesetze (USA), 121
Wut
  Bryant, Andrea, 88
  durchsetzungsfähiger Zorn, 86
  Nützlichkeit von, 85
  Offene Aggression, 86
  passive/unterdrückte Wut, 85
  Risikofaktoren, 84, 85
  Veterans Affairs National Center
    for PTBS, US Department of,
    88

Y

Yoga, 110

Z

Zeitgenössische Pädiatrie
  (Contemporary Pediatrics), 76
Zeitschriften / Tagebücher
  Bibliotherapie/therapeutisches
    Geschichtenerzählen, 140
  Read for your Life, 141
  Reading to Heal, 141
  The Novel Cure, 141
Zeitungen & Zeitschriften

The Week, 32
Washington Examiner, 16
Zentralamerika
  Migrationsreise, 16, 22
  Tod, 22
Zentrum für Einwanderungsstudien
  (Center for Immigration
  Studies), 16
Zwangsstörung (OCD), 51, 66

IMMIGRANT
KONZEPTE

LEBENSWEGE ZUR
INTEGRATION

Joachim O. F. Reimann, Ph.D. &
Dolores I. Rodríguez-Reimann, Ph.D.

BUCH 1 IM DER *IMMIGRANT:*
STRIDES TOWARD PROSPERITY SERIE

D as erste Buch dieser Reihe gibt den Lesern einen breiten
Überblick über Berufswechsel, emotionale und körperliche Gesundheit, kulturelle Anpassung, Förderung
der Resilienz und damit verbundene Bereiche, in denen
Einwanderer oft zurechtkommen. Anschließend macht es praktische Vorschläge, wie sie in ihren neuen Ländern erfolgreich
sein können.

DANKSAGUNG

Viele Menschen haben dieses Buch geprägt. Die Redakteurin Leslie Schwartz half uns, die Texte zu verbessern und stellte wichtige Fragen zu unseren Themen, an die wir sonst nicht gedacht hätten. Darüber hinaus sind wir Herrn David Wogahn einmal mehr dankbar dafür, dass er uns durch die vielen komplexen Schritte begleitet hat, die mit der Veröffentlichung eines Buches verbunden sind.

Wir möchten uns auch bei den Freunden und Kollegen bedanken, die im Laufe der Zeit mit uns an verschiedenen Projekten gearbeitet haben. Dazu gehören vor allem Dr. Fouad Beylouni (unser Arabisch-Experte), Dr. Mehboob Ghulam, Frau Maria Elena Patiño und Frau Aida Amar. Wir schätzen auch die Zusammenarbeit mit führenden Persönlichkeiten der lokalen ostafrikanischen Gemeinschaften, insbesondere mit Ahmed Sahid, Präsident und CEO des Somali Family Service of San Diego, und Abdi Mohamoud, Präsident und CEO der Organisation Horn of Africa.

Vor allem aber möchten wir unseren vielen Patienten und Klienten danken, die im Laufe der Jahre ihre Schwierigkeiten und Lebensgeschichten mit uns geteilt haben. Ihre Namen müssen vertraulich bleiben. Aber ihre Erfahrungen stehen im Mittelpunkt dieses Buches und unseres Wunsches, es zu schreiben.

ÜBER DIE AUTOREN

Joachim "Joe" Reimann, Ph.D. wurde in Berlin, Deutschland, geboren. Seine Familie wanderte in die USA aus, als er 10 Jahre alt war. Derzeit ist Joachim klinischer Psychologe und Vorsitzender der Group for Immigrant Resettlement and Assessment. Er arbeitet seit langem mit Migranten zusammen und ist ehemaliger Vorstandsvorsitzender der Somali Family Services of San Diego. In der Vergangenheit leitete Joachim auch die San Diego County Behavioral Health Emergency Screening Unit und den Juvenile Forensic Service. Während seiner früheren Tätigkeit als Lehrbeauftragter an der San Diego State University's Graduate School of Public Health erhielt Joachim Zuschüsse vom US Office of Minority Health, dem National Center for Minority Health Disparities und den Hispanic Centers of Excellence. Seine Forschungsergebnisse wurden unter anderem im *Journal of Clinical Psychology, Psychological Reports, Social Science & Medicine* und *Ethnicity & Health* veröffentlicht. Abgesehen von seiner klinischen Arbeit hat Joachim mit dem Schwerpunkt Organisationspsychologie promoviert. Infolgedessen war er im Laufe seiner Karriere an verschiedenen Projekten zur Arbeitskräfteentwicklung beteiligt und hatte Verwaltungspositionen inne.

Dolores I. Rodríguez-Reimann, Ph.D.
wurde in *Piedras Negras*, Mexiko, geboren.
Ihre Familie wanderte in die USA
aus, als sie 15 Jahre alt war. Als zweis-
prachige und bikulturelle (Englisch/
Spanisch) Psychologin arbeitet Dolores
seit vielen Jahren mit Migranten und
Flüchtlingen. Zu den spezifischen Einsatzorten gehören die private klinische Praxis, frühere Vertragsdienste durch Survivor
of Torture International und finanzierte Forschung. Zurzeit
ist Dolores in leitender Funktion bei der Group for Immigrant
Resettlement and Assessment tätig. Während ihrer Tätigkeit als
Lehrbeauftragte an der San Diego State University's Graduate
School of Public Health erhielt sie Zuschüsse und Verträge
durch das National Heart, Lung & Blood Institute (NHLBI), das
National Cancer Institute (NCI) und das US Office of Minority
Health. Ihre Forschungsarbeiten über Akkulturation und verwandte Themen wurden in *Ethnicity & Disease* und im *Journal
of Immigrant Health* veröffentlicht. Dolores hat im Laufe ihrer
Karriere auch mehrere Führungspositionen in Organisationen
bekleidet.

www.ingramcontent.com/pod-product-compliance
Lightning Source LLC
Chambersburg PA
CBHW022050020426
42335CB00012B/621